LE NORD

Flandres · Artois · Picardie

Textes de
ALAIN DAVESNES

MINERVA/SOLAR

En couverture : 1/ L'un des canaux du Nord,
au cœur d'un paysage caractéristique. 2/ Le
beffroi de Douai. En pages de garde : les célèbres pavés du Nord. Au loin : La Bassée. En
page de titre : le beffroi de style Renaissance
de Crécy-sur-Serre, dans l'Aisne, et une maison
du XVIIe siècle.

N.° d'éditeur : 1468
ISBN : 2.263.01203.6
Printed in Italy

Happy
Christmas
1990.
JJ..

INTRODUCTION

La France du Nord... Trois provinces, trois départements et un peu plus, dont chacune, dont chacun, a sa personnalité, sa vocation, ses traditions. Mais dont l'histoire, souvent, fut commune. Le fait relève de sa position. La France du Nord est "marche-frontière" la plus proche du coeur du pays, de Paris, donc la plus menacée, et d'autant plus que la région est aussi la plus ouverte, sans obstacles naturels pour la protéger des invasions.

Depuis deux millénaires, la France du Nord fut le champ de bataille, sur lequel se sont déroulés les plus tragiques combats de l'Histoire nationale. Depuis les temps antiques, le flot des peuples venus de l'est a déferlé sur ses terres et ravagé ses villes. Si l'oeuvre des siècles est encore visible dans ses cités, c'est à la ténacité de ses hommes, à leur incessant effort de reconstruction, que la France du Nord doit, après chaque conflit, sa survie et sa renaissance.

Ces pages d'histoire, nous les évoquerons au fil du voyage, en visitant ses monuments, en saluant ses nécropoles. Elles font l'unité de ces trois provinces dans le courage de ses habitants.

Mais cette position de marche est aussi sensible dans l'aspect de la région et dans ses moeurs. Au seuil du monde septentrional, la France du Nord a trouvé, au-delà des affrontements – et c'est tout le sens de l'Histoire – des influences dont elle s'est faite ou enrichie. Jusqu'aux abords du bassin parisien, qu'il s'agisse de langue, d'architecture, de coutumes, la différence est nette avec le reste du pays. Murs de briques, beffrois et carillons, fanfares et défilés, exubérance joyeuse, le Nord a son visage et son accent. Il eut même sa langue, le Picard, qui fut parlée de Lille à Beauvais, c'est-à-dire bien au-delà de ce qui devait constituer la province du même nom.

Trois provinces, et trois capitales, trois métropoles : Lille, Arras, Amiens. C'est en elles, d'abord, que l'on perçoit le caractère de chacune, et c'est pourquoi nous les évoquons comme des lieux de séjour, à partir desquels il est le plus aisé de découvrir ce qui les entoure.

Par son climat souvent humide, par les vents qui soufflent du large, la France du Nord est une région maritime. Elle l'est aussi par l'importance de ses ports, Dunkerque, pour le trafic, Calais pour les voyageurs, Boulogne pour la pêche. Elle l'est encore, sur le plan touristique, par l'étendue des plages de sable qui, de la frontière belge à l'estuaire de la Somme, attirent chaque été des foules avides d'en respirer l'air vivifiant.

Mais si les séjours balnéaires constituent l'essentiel du potentiel touristique de la France du Nord, il ne faut pas négliger pour autant la richesse de ses cathédrales, l'originalité de ses beffrois, non plus que le pittoresque de ses fêtes, kermesses, ducasses, braderies, carnavals, qui donnent au plat pays nordique, sa saveur et son caractère.

En haut, à gauche : une vue de Poix-de-Picardie, dans la Somme. En dessous : un paysage typique de la région : le terril et les corons, entourés de petits jardins. Ci-dessus : maisons de pêcheurs, au Crotoy. Ci-contre : dans la Baie de la Somme, chalutiers accotés dans le port du Hourdel.

DEUX ASPECTS DU "NORD" : LA FLANDRE ET LE HAINAUT

La Flandre, une province, dont le seul nom évoque tout un passé historique ! Des invasions venues de tous côtés, du sud au nord. Des sièges mémorables et des armées aux prises : flamandes, françaises, espagnoles, bourguignonnes...

La région du Nord, une autre image, une puissance économique qui s'est développée avec la bourgeoisie de l'ère industrielle, au siècle dernier. Aujourd'hui, les problèmes des mutations énergétiques.

Une province, un département, également bien délimités depuis des siècles par les données administratives. En fait, géographiquement, aucune unité. A peine, une certaine homogénéité climatique.

Une mosaïque de "pays", juxtaposés, du nord au sud. La Flandre maritime, en bordure du littoral, les terres basses ourlées de dunes qui préludent aux grandes plaines du nord de l'Europe.

En lisière, vers le sud, quelques "monts" (150, 175 m) ainsi nommés, étant donné la platitude qui les entoure ! Au-delà, la Flandre intérieure, ou Houtland, "le pays des bois" que traverse la Lys, où se place Lille, la capitale de la France du Nord.

Au-delà encore, des pays que situent leurs bourgs : le Mélantois, avec Sainghin-en-Mé-lantois, le Pévèle, avec Mons-en-Pévèle, des plateaux à peine surélevés au-dessus de la "fosse flamande". Et autour de Valenciennes, la partie orientale du bassin houiller dont l'exploitation a modelé le paysage : cônes sombres des "terrils", chevalets des mines abandonnées, villages noirs des corons, marécages souterrains.

Déjà, la Flandre n'est plus flamande. Au sud, le Hainaut, un plateau de terres à blé et à betteraves, coupé de vallées, de la Scarpe à la Sambre. Plus au sud, enfin, le Cambrésis et le Val de Sensée, l'Avesnois où apparaissent les forêts et les vallonnements de la Thiérache. Une région de pâturages, cernés par les haies vives, des rivières paresseuses et des étangs, le caractère bocager de la campagne, où nichent de vieux villages, un peu demeurés hors du temps.

Du nord au sud aussi, diffèrent les moeurs, les fêtes, les patois. La conscience collective, cependant, des "gins de ch'Nord" fait l'unité de cette mosaïque.

Paysages du Nord : en haut, un moulin à vent à Steenvoorde et la culture du houblon à Mont-des-Cats ; en bas, une péniche sur la Deûle et les environs de Cassel, dans les Flandres.

essor. Louis XIV, qui s'y montra très attaché, en fit une place forte dont il confia la réalisation à Vauban. La Citadelle, que l'on dit justement "la reine des citadelles", est un vaste ensemble de bâtiments de brique avec parements de pierre, construits en étoile, au-delà d'une esplanade. Simon Vollant édifia la chapelle, l'arsenal, les casernements, entrepôts et magasins.

Quelques années avant l'entrée de Louis XIV, venait d'être achevé le plus remarquable monument de la ville, dit la Vieille Bourse. Vingt-quatre maisons accolées autour d'une cour d'honneur et comportant une suite de galeries dont la profusion décorative est caractéristique du baroque flamand du XVIIᵉ. Une statue de Napoléon Iᵉʳ occupe la cour d'honneur.

Au centre de la Grand'Place, la colonne, dite de la Déesse, fut élevée en 1845, en

LILLE

Son nom lui vient de sa position, celle d'une île (l'Isle), formée par la rivière Deûle. *Castrum Illense* figure dans une charte de dotation à la Collégiale St-Pierre, signée par le comte Beaudouin de Flandre en 1066.

Dès le second millénaire, la ville est modelée par les guerres. Philippe-Auguste la détruit de fond en comble en 1213, avant de remporter contre l'empereur d'Allemagne, allié du comte de Flandre, le "Grand Ferré", la victoire de Bouvines.

Au XVᵉ siècle, elle est le fief des ducs de Bourgogne. Philippe-le-Bon s'entoure d'une brillante cour. C'est à son initiative que Lille doit son plus vénérable monument : le Palais Rihour, construit de 1453 à 1476, et

dont subsistent la salle des Gardes de style gothique, la chapelle à une nef, un escalier d'honneur et une tourelle de brique qui donne son originalité à l'édifice.

Passée à la Maison d'Autriche, sous domination espagnole, Lille eut à souffrir des guerres de religion et des méfaits des *Hurlus*, bandes de pillards qu'une cabaretière, Jeanne Maillotte, aida à mettre en déroute !

En 1667, Louis XIV assiège la ville. La garnison espagnole et les compagnies bourgeoises capitulent et le Roi-Soleil fait son entrée par la porte des Malades, qui deviendra la Porte de Paris, élevée ultérieurement par Simon Vollant, et décorée d'une Victoire présentant au roi une couronne de lauriers.

Lille va connaître alors son véritable

hommage à l'héroïque résistance opposée en 1792, par la ville, aux assauts des troupes autrichiennes.

Lille devait connaître de nouveaux sièges au cours des deux dernières guerres. En octobre 1914, le bombardement allemand détruisit près de mille maisons. En mai 1940, mieux défendue, elle dut pourtant céder devant sept divisions ennemies. Dans les deux cas la reddition eut "les honneurs de la guerre".

Lille et le canal de la Deûle. La Porte de Gand. Ci-dessous : la Citadelle (XVIIe siècle). A droite : façade d'une maison du XVIIe siècle. En pages suivantes : une vue aérienne de Lille découvrant le quartier de la gare.

L'ancienne Grand'Place, aujourd'hui, du Général-de-Gaulle, né à Lille en 1890, constitue le centre vital de la ville, en même temps qu'un condensé de la diversité des époques qui s'y révèlent.

Sur la place même, la Grand'Garde fut bâtie en 1717 pour loger la garde du roi. Au-delà de la Vieille Bourse, la place du Théâtre forme un ensemble dû à l'architecte Louis Cordonnier, avec l'Opéra ou

Grand Théâtre, de style Louis XVI, et la Nouvelle Bourse, aujourd'hui Chambre de Commerce, dont le haut beffroi blanc et rouge fait face aux maisons à pilastres du "Rang du Beau Regard", du XVIIᵉ siècle.

De ce double centre rayonne, dans tous les sens, l'animation urbaine : les rues piétonnes, Neuve et de Béthune, les plus fréquentées depuis des décennies, la large rue Faidherbe, qui conduit à la gare, et, entourant la cathédrale Notre-Dame-de-la-Treille, toujours inachevée, des rues anciennes en grande partie restaurées : Grande-Chaussée, des Chats-Bossus et de la Monnaie, où il ne faut pas manquer de voir l'Hospice Comtesse fondé en 1237 par la comtesse Jeanne de Constantinople. Ce merveilleux spécimen de l'architecture flamande abrite un musée régional.

Lille. A gauche : une rue du quartier de la Vieille Bourse ; le marché aux fleurs et le marché aux livres, sous les arcades de la Vieille Bourse. Ci-contre : un angle de la place du Général de Gaulle. Ci-dessous : la nef de Notre-Dame-de-la-Treille.

Hors de ce périmètre, la Place de la République prélude au Lille du XIXᵉ siècle. De part et d'autre, la Préfecture, de style classique administratif de son temps et le Musée des Beaux-Arts, l'un des plus riches de la province. Ses collections de peinture sont remarquables avec les écoles flamande, hollandaise, italienne et espagnole, – dont deux Goya de premier ordre – et un bel ensemble des écoles françaises.

La place de la République dessert un vaste quadrilatère de boulevards rectilignes, qui enferme les quartiers populaires de la ville du "P'tit Quinquin", chantés par Desrousseaux : Wazemmes, avec son pittoresque marché, et Esquermes. Enfin, l'ancien quartier Saint-Sauveur, qui fut au début du siècle celui des "courées" et des taudis, est devenu le plus moderne de la ville, avec son centre hospitalier régional et son nouvel Hôtel-de-Ville, dont le beffroi date de 1930/32 et qui s'élève à 104 m de hauteur. Quelques vestiges du passé sont demeurés : l'hospice Gantois, la Porte de Paris, etc.

Ville composite, Lille a son métro le plus moderne du monde et son Bois de Boulogne, longeant le canal de la Deûle où passent les chalands nostalgiques... Cité d'histoire, qui n'a pas sa "vieille-ville", mais où le passé est partout mêlé au présent.

Lille. Le beffroi du nouvel hôtel de ville et deux aspects de la Porte de Paris. Ci-dessous : la station République-Préfecture du récent métro. A droite, en bas : le Palais de Justice.

L'AGGLOMERATION LILLOISE ET ROUBAIX-TOURCOING

Ainsi que la plupart des grandes villes françaises, Lille voit baisser le chiffre de sa population. Il est aujourd'hui de 200 000 environ. Mais l'agglomération lilloise compte près d'un million d'habitants. Elle est constituée surtout par les trois grands centres de Lille, Roubaix et Tourcoing qui, seuls atteignent le demi-million.

L'industrie textile a fait leur fortune, mais la crise qu'elle connaît aujourd'hui pose des problèmes de reconversion que l'esprit d'entreprise de leurs habitants aidera à résoudre.

Roubaix, ville du travail, a vu disparaître la plupart des tristes quartiers où la main-d'œuvre des grandes usines s'entassait dans des logis insalubres. Elle avait aussi ses boulevards bordés des riches demeures du patronat lainier ; Roubaix possède avec le parc de Barbieux, un domaine de verdure

de 35 hectares. On le découvre en arrivant de Lille par la route ou par le tramway rapide, le "Mongy", qui relie les trois villes.

Ville récente, sinon moderne, Roubaix n'a qu'une église ancienne, l'église Saint-Martin, du XVᵉ siècle, rénovée au XIXᵉ. Elle possède un beau retable du XVIᵉ et un carillon de 39 cloches.

Tourcoing, voisine de la frontière belge, abrite aussi, dans le haut clocher de son église, un carillon de 48 cloches, qui donne des concerts chaque dimanche. Ce trait, si caractéristique du pays flamand, a justifié en 1971, la création d'un cours de carillon au Conservatoire de musique de la ville.

D'autres cités actives cernent le triangle des trois villes. Bondues, à l'ouest de Tourcoing, s'enorgueillit justement des 100 hectares de son "Vert Bois", entourant le château de 1743 où sont présentées des collections de faïences et des peintures de Renoir, Chagall, Dufy, Picasso. Le château de la Vigne, le centre culturel "Septentrion", ajou-

tent à l'attrait touristique de cette petite ville.

Beaucoup d'autres sont à citer : Croix et son manoir du XVIIᵉ, Villeneuve-d'Ascq avec son parc et son musée d'art moderne, Lannoy et ses anciens remparts, Mons-en-Baroeul et Marcq-en-Baroeul, dont une seigneurie du XIIIᵉ fut à l'origine. Ce sont des cités industrielles que la crise est appelée à transformer. Mais c'est le trait de cette région que son aptitude à s'adapter aux événements ! Sans préjudice de la fidélité aux traditions locales : ducasses de quartiers, défilés carnavalesques, concours de tir à l'arc et de colombophilie, associations de toutes sortes où l'on aime se rassembler.

En haut : vue aérienne de Roubaix et de sa banlieue. Ci-dessous : à Seclin, l'hôpital et sa façade du XVIIe siècle. En haut, à droite : à Tourcoing, maison pittoresque, dite de "Jules Watteaux", une église, des maisons ouvrières. En dessous : le château du Vert-Bois.

LE PAYS FLAMAND :
LA PLAINE ET LES MONTS

Au-delà d'Armentières, si souvent ravagée par les guerres, s'étend le pays flamand, très caractéristique, avec ses villes aux grandes places pavées, ses beffrois et ses "halle-kerkes", ses moulins abandonnés, ses fermes entourées de pâtures. Le Houtland – pays des bois – est surtout celui des haies vives clôturant les herbages. Terre d'élevage dont on vante le beurre et les fromages, le "plat pays" est traversé par la chaîne des monts de Flandre dont les cimes modestes sont le Mont-Cassel (176 m), le Mont des Récollets (164 m), le Mont des Cats (164 m) et le Mont-Noir (130 m), à la croupe boisée.

Le pays flamand est un pays de couleurs, comme la Flandre belge et la Hollande, par le vert ardent de ses prés et la haute note jaune de ses champs de colza ou de blé, – par ses toits de tuiles et ses murs de briques, sur lesquels un ciel changeant jette ses lueurs et ses ombres.

De petites villes ignorées et qu'il faut découvrir, s'animent aux nombreuses fêtes qui viennent rompre la monotonie des jours.

Bailleul, détruite en 1914/18, a été reconstruite, ainsi que son beffroi, dans le style flamand. Le Palais de Justice, restauré, est du XVIIIe, et l'on peut voir, au Musée Benoît de Puydt, des tapisseries, des porcelaines flamandes et une œuvre de Jérôme Bosch.

Le goût des traditions se manifeste à Bailleul par une école de danse folklorique et la Guilde des Archers, fondée en 1510. Et comme la plupart des villes de Flandre, elle a son "géant" que l'on fête au cours de défilés carnavalesques ! C'est l'une des plus curieuses coutumes de la région. Elle remonte au XVe siècle et évoque des figures légendaires. A Lille, Phinaert et Lydéric rappellent le conflit qui opposa le prince au géant.

A Cassel, c'est Reuze-Papa, Reuze-Maman et leurs enfants qui déambulent dans les rues. Mais Cassel a d'autres attraits. Bâtie au sommet du "mont", ce fut une place stratégique dès l'époque romaine. Et comme telle, elle fut souvent lieu de combats. Le général Foch y établit son quartier général durant la guerre de 14/18. Son bureau est installé dans le bel hôtel de la Noble Tour qui date de la fin du XVIe. Sur la même place, se trouvent de beaux édifices : l'hôtel d'Halluin, l'hôtel Lenglé, du XVIIe et la collégiale Notre-Dame, hallekerke à trois nefs dont l'origine remonte au XIIIe siècle.

Parmi les autres villes de la plaine flamande, il faut signaler Steenvoorde, avec sa grande place aux maisons peintes, Wormhout et son église Saint-Martin, voûtée de bois – Hazebrouck, dont l'église Saint-Eloi fut bâtie au XVe siècle, mais qui a perdu sa flèche ajourée en 1940 – Hondschotte et son remarquable hôtel de ville de brique et pierres, son église avec tour du XVIe et son moulin bâti en 1127, – Esquelbecq, sa place et son château du XVIIe.

A gauche : le carnaval de Cassel, Reuze-papa et Reuze-maman; le musée de l'ancien couvent des Augustins, à Hazebrouck, de style Renaissance flamande (l'aile gauche date de 1518, la droite de 1616); un café à Esquelbecq. A droite : deux paysages des environs de Cassel.

DUNKERQUE : DU PASSE A L'AVENIR

Dunkerque – l'église des dunes – une petite chapelle, Notre-Dame-des-Dunes, vénérée chaque été, le 15 août, lors de la bénédiction de la mer. Au cœur de la ville, la statue de Jean-Bart, par David d'Angers. Jean Bart, le corsaire anobli par Louis XIV, nommé chef d'escadre après avoir couru les mers et arraché des prises aux Anglais. Deux images-symboles de Dunkerque, ancien bourg de pêcheurs, bientôt convoité.

Conquise par Turenne à la bataille des dunes, fortifiée par Vauban, Dunkerque se développa jusqu'au début de notre siècle. Elle fut à peu près totalement détruite en mai-juin 1940, lors de la retraite et du réembarquement des troupes alliées, encerclées par les forces allemandes. 350 000 soldats parvinrent néanmoins à échapper à la tenaille ennemie et à gagner l'Angleterre, malgré les bombes et les torpilles.

La reconstruction a rendu vie à la ville et restauré ses monuments : la Tour, ancien clocher d'église, devenu beffroi à carillon, l'église Saint-Eloi, hallekerke à cinq nefs, le Laughenaer, tour de guet des fortifications du XVe siècle. Le musée a retrouvé ses collections, riches en œuvres des écoles flamande et hollandaise.

Mais c'est dans le domaine portuaire que la reconstruction de Dunkerque a pris une signification exceptionnelle. Elle a été conçue, non en fonction du passé, mais en prévision de l'avenir. Les deux ports couvrent plus de 40 km. Des vedettes permettent, à la saison, une visite complète des installations et des groupes industriels qui se sont établis aux abords et justifient leur débouché. 385 hectares de bassins, des écluses gigantesques et des grues flottantes, 245 km de voies ferrées composent un ensemble à la mesure de l'an 2000, et ont permis à Dunkerque de prendre la troisième place, parmi les ports français, pour le trafic des marchandises.

Deux kilomètres de polders ont été gagnés sur la mer. Au sud de la ville, les communes voisines ont été happées par l'industrie et se sont peuplées en quelques années : Petite-Synthe, Grande-Synthe, Coudekerque-Branche font désormais partie de l'agglomération dunkerquoise. A l'ouest, le port atteint Gravelines.

Au sud, la Flandre maritime est terre de plaine, à peine au niveau de la mer, et parfois même au-dessous, – tels les Moëres, coupés de canaux, anciens marais asséchés au XVIIe siècle, mais inondés à chaque invasion, et pour la dernière fois, en 1944, lors du retrait des troupes allemandes.

Bourbourg, avec son église fortifiée et Bergues, sont à l'intérieur, les centres de la Flandre maritime. Bergues, la "Bruges du Nord", a gardé son enceinte percée de quatre portes et possède un beffroi de brique surmonté du lion des Flandres.

Dunkerque. Aspect central, l'église St-Eloi, l'hôtel de ville et le tombeau de Jean-Bart. Ci-dessus : un bateau-phare dans la rade. A droite : le port industriel.

D. O. M.

CY GIST MESSIRE IEAN BART
EN SON VIVANT CHEF DESCADRE DES
ARMEES NAVALLES DU ROY CHEVALIER
DE L'ORDRE MILITAIRE DE S. LOUIS
NATIF DE CETTE VILLE DE DUNKERQUE
DECEDE LE 27 D'AVRIL 1702 DANS
LA 52 ANNEE DE SON AGE DONT
IL EN A EMPLOYE VINGTE CINQ AU
SERVICE DE SA MAIESTE
ET
DAME MARIE IACQUELINE TUGGHE
SA FEMME AUSSI NATIVE DE CETTE
VILLE QUI MOURUT LE 5 FEVRIER
1719 AGEE DE 55 ANS
Priez Dieu pour leurs Ames

LES PLAGES DE LA MER DU NORD

De la frontière belge à l'embouchure de l'Aa, de Bray-Dunes à Gravelines, le littoral de la mer du Nord, en dépit de l'importance prise par le port de Dunkerque, demeure encore aujourd'hui le chemin des évasions estivales pour la population urbaine du département.

Aux portes de Dunkerque, Malo-les-Bains est, depuis le début du siècle, le but des "trains de plaisir" qui déversent chaque dimanche, leurs flots de groupes joyeux et de familles en liesse ! La station fut fondée vers la fin du XIXᵉ siècle par un armateur qui lui donna son nom. Elle connut très vite le succès, motivé par la vaste plage de sable qui s'étend sur des kilomètres, au pied des dunes.

Avec son casino et sa digue-promenade bordée de villas, Malo-les-Bains répond à tous les désirs du touriste, même si la baignade y est souvent fraîche !

Comme Rosendaël, située en arrière, Malo-les-Bains fait aujourd'hui partie de l'agglomération dunkerquoise.

Vers l'est, au-delà de Malo, Zuydcoote fut témoin de l'embarquement des troupes françaises et anglaises en mai 1940, relaté par Robert Merle dans son roman *Week-end à Zuydcoote*.

Enfin, à la frontière belge, Bray-Dunes est un ancien hameau de Ghyvelde, devenu station en 1925 et aujourd'hui peuplée de terrains de camping.

A l'ouest de Dunkerque, le port a également englobé les communes voisines et s'étend jusqu'à Gravelines, situé à l'embouchure de l'Aa. Cette petite ville a un riche passé. Elle fut conquise par l'Angleterre au cours du premier millénaire, passa de mains en mains et fut érigée en place forte par Charles-Quint, au XVIᵉ siècle. Elle ne devint française définitivement qu'au traité des Pyrénées en 1659.

Dotée d'une triple enceinte par Vauban, elle conserve un arsenal et une partie de ses remparts transformés en promenade. L'église Saint-Willibrod — un apôtre des Pays-Bas au VIIᵉ siècle — est de style gothique flamboyant avec un portail Renaissance. Les boiseries qui couvrent les murs de la nef et le buffet d'orgue, sont du XVIIᵉ siècle.

Le développement des industries a modifié le site de Gravelines. Il faut descendre le chenal pour trouver, de part et d'autre, deux villages de pêcheurs qui ont gardé leur caractère et bénéficient aussi d'une belle plage : Grand-Fort-Philippe et Petit-Fort-Philippe, ainsi dénommés en souvenir de Philippe II, roi d'Espagne.

En haut : la célèbre plage de Zuydcoote et les dunes plantées d'oyats à la frontière franco-belge. Ci-contre, à gauche et à droite : Malo-les-bains, la plage et une façade du front de mer. Tout à droite : le petit port de Gravelines.

Au cœur de la région économique Nord-Pas-de-Calais, Douai est un centre industriel important, un carrefour des routes et des voies ferrées. Mais c'est aussi une ville administrative, et, depuis des siècles, un foyer intellectuel.

Dès 1562, Douai avait son université ; elle fut, de 1714 à la Révolution, le siège du Parlement des Flandres. L'université fut transférée à Lille en 1887, mais Douai est toujours le siège de la Cour d'Appel du Nord et de nombreux établissements d'enseignement sont installés dans les bâtiments élevés au début du XVIIIe siècle.

La Scarpe, canalisée, coupe la ville en deux parties. La vieille ville s'étend sur la rive droite et c'est autour de la Grand'Place ou Place d'Armes que l'on verra les monuments les plus intéressants, notamment l'Hôtel de Ville, épargné par les bombardements de 1944.

Le beffroi date des XIVe et XVe siècles. Il a été célébré par Victor Hugo qui le visita en 1837 et il constitue le motif d'une des plus belles toiles de la vieillesse de Corot, aujourd'hui au Louvre.

Au sommet de la tour armée de tourelles et de clochetons, se dresse le Lion des Flandres. Un carillon se déclenche tous les quarts d'heure. Des salles et des celliers du XVe subsistent à l'intérieur de l'Hôtel de Ville, agrandi au XIXe siècle.

Au bord de la Scarpe, le Palais de Justice occupe l'ancien Parlement des Flandres, dont l'origine remonte au XVIe siècle, ainsi que l'attestent les arcs de la façade donnant sur la rivière. Le portail central de la salle d'audience date du XVIIIe.

L'église Saint-Pierre est de la même époque, pour la nef et le chœur – brique et pierre – mais le clocher fut élevé vers 1513. C'est également un ensemble de constructions de diverses époques qui constitue la Chartreuse de Douai : L'hôtel d'Abancourt-Montmorency (1559-1608) et les bâtiments conventuels, dont l'église est de 1722.

Douai. Le sommet du beffroi, l'église St-Pierre et un hôtel ancien. A droite : l'ancien couvent des Chartreux, devenu musée, et l'hôtel du Dauphin (XVIIIe siècle); les quais de la Scarpe.

Douai compte aussi un Musée des Beaux-Arts particulièrement riche en œuvres de l'Ecole Flamande et du peintre douaisien Jean Bellegambe (1470-1534) qui travailla pour les abbayes de la vallée de la Scarpe. Le célèbre polyptique dit de l'abbaye d'Anchin, provient justement de cette abbaye détruite sous la Révolution, dont il ne reste que deux pavillons du XVIIIe.

Douai a sa famille de "géants", les Gayant, dont le père serait à l'origine de cette tradition flamande. Elle est ici célébrée en juillet, durant une dizaine de jours.

En remontant la vallée de la Scarpe on atteint la forêt de Marchiennes et son centre de loisirs, avec sentiers balisés, piste cavalière, terrains de pique-nique et de camping et étang poissonneux ! La mairie de Marchiennes occupe une ancienne abbaye ruinée au temps de la Réforme et aménagée au siècle dernier.

Douai. A gauche : la Porte de Valenciennes (XVIIe siècle) et la Porte d'Arras (XIVe siècle); ci-dessus et en bas : la fête de Gayant. Ci-dessous : un paysage des bords de la Scarpe, près de la forêt de Marchiennes (à droite).

VALENCIENNES ET LE "PAYS NOIR"

Valenciennes, ancienne capitale du Hainaut, est dite parfois "l'Athènes du Nord". Non à cause de ses monuments – l'Hôtel de Ville, l'église Saint-Géry, la basilique, les Académies – bâtis ou restaurés au siècle dernier, mais parce qu'elle a vu naître de nombreux artistes et de fins lettrés, et parce qu'elle a toujours manifesté un attachement particulier aux activités de l'esprit.

Le plus ancien témoignage en est cette *Cantilène de sainte Eulalie*, rédigée en 881, premier texte littéraire en français, que conserve la bibliothèque de la ville. Celle-ci est installée dans un élégant bâtiment du XVIIIᵉ siècle et possède aussi le manuscrit des *Chroniques* de Froissart, né à Valenciennes vers 1335, observateur attentif de la vie féodale au XIVᵉ siècle.

Valenciennes est également la patrie de Jean-Antoine Watteau, le "Mozart" de la peinture, de son fils et de son petit-fils, tous deux peintres, et celle de son élève Pater, portraitiste de cour. C'est aussi celle du grand sculpteur Carpeaux dont la *Danse* orne la façade de l'Opéra de Paris et dont le Musée des Beaux-Arts de Valenciennes possède de nombreuses sculptures. Faut-il citer encore Campin, le maître de Flémalle, et Harpignies, le paysagiste, – Mᵐᵉ d'Epinay, l'égérie de Rousseau, Valentin Conrart qui fonda l'Académie Française ? Et quelques comtes du Hainaut, qui furent empereurs de Constantinople ? Pépinière de hauts esprits, mais qui brillèrent surtout hors de leur ville natale.

Au plan local, ce goût pour l'art se révèle dans la finesse des dentelles, qui, aux XVIIᵉ et XVIIIᵉ siècles, valut à Valenciennes une réputation que l'on s'emploie à faire renaître. Comme s'y maintient une tradition musicale entretenue au Conservatoire et par le Festival des musiques militaires qui a lieu chaque année en septembre.

Cette ville aristocratique est au cœur du "pays noir" ! La découverte de la houille à Anzin en 1734 allait transformer la région et son habitat. Un siècle plus tard, la première usine métallurgique s'installait à

En haut : l'hôtel de ville de Valenciennes et des terrils de la région. Ci-dessous : maison près d'une usine, à Roost-Warendin. Ci-contre : cultures maraîchères au pied d'un chevalet de mines. A droite : une rue de Condé-sur-l'Escaut et le château de St-Amand-les-Eaux.

Denain. Dès lors, le bassin houiller se hérissait de chevalets de mines, de cheminées, de "terrils". Il vit croître une population de travailleurs et d'industriels qui firent la richesse du pays.

Anzin a son Musée du Charbonnage et de la Métallurgie, créé en 1961, alors que s'amorçait la crise qui affecte aujourd'hui la région.

En lisière nord du bassin houiller, la petite station thermale de Saint-Amand-les-Eaux – avec une ancienne abbaye – et la forêt de Raismes attirent le touriste. Réserve botanique et zoologique, étang et sablières, sentiers et futaies, où la nature reprend ses droits, la forêt de Raismes constitue le premier parc régional créé en France, en 1968. Sa zone ornithologique voit passer 48 espèces d'oiseaux migrateurs.

CAMBRAI ET LE CAMBRESIS

Le Cambrésis – alors plus étendu qu'il ne l'est aujourd'hui – fut, durant des siècles, un duché soumis à l'autorité d'un évêque. C'est un pays de cultures qui a gardé son caractère rural et ses traditions, son patois picard et ses fêtes, au cours desquelles on fait sauter les crêpes, appelées ici les "ratons".

Cambrai fut le siège de ce duché ecclésiastique, sous l'égide du Saint-Empire romain germanique. Il ne fut rattaché à la France qu'en 1678 par le traité de Nimègue. Louis XIV en confia l'archevêché au seigneur de La Mothe-Fénelon, dont la bonté et l'humilité lui valurent d'être appelé le "cygne de Cambrai".

A l'intérieur de ses anciens remparts – devenus boulevards – Cambrai possède d'intéressants monuments du XVIIIᵉ siècle, telle la cathédrale Notre-Dame, contenant le tombeau de Fénelon, sculpté par David d'Angers.

L'Hôtel de Ville, construit en 1786, a été restauré après la guerre de 14/18 et doté d'un campanile avec jacquemart – Martin et Martine – frappant les heures à coups de maillet. On promène leur effigie géante, lors des fêtes du carnaval.

Le beffroi était, à l'origine, le clocher de l'église Saint-Martin, mais seule la partie inférieure est du XVᵉ siècle. Il faut voir aussi l'ancienne chapelle du Grand-Séminaire, de

Cambrai. L'hôtel de ville et la Porte de Paris, qui date de la fin du XIVᵉ siècle. Ci-contre : la façade de l'ancienne église des Jésuites, construite au XVIIᵉ siècle et restaurée au XIXᵉ.

style baroque néerlandais, datant de la seconde moitié du XVIIᵉ siècle, et son Musée d'Art Sacré.

L'église Saint-Géry – du XVIIIᵉ – et la Porte Notre-Dame – du XVIIᵉ – retiendront également les amateurs d'art, ainsi que le Musée de la ville où l'on peut voir des sculptures de Rodin et de Carpeaux, des peintures de l'Ecole flamande et des œuvres modernes, de Matisse à Vuillard.

Mais c'est à tous qu'il appartient de goûter les "bêtises de Cambrai", ces berlingots à la menthe qui sont sa spécialité !

Autour de Cambrai, de petites villes ont leur charme et leur intérêt. Il faut signaler surtout Le Cateau, ville natale de Matisse, qui a organisé un petit musée en hommage à son peintre, et Les-Rues-des-Vignes où des fouilles archéologiques ont mis à jour des vestiges gallo-romains, ainsi, que l'ancienne abbaye de Vaucelles, fondée en 1132 par saint Bernard, en cours de restauration, pour la rendre à sa mission.

Au nord du Cambrésis, la vallée de la Sensée, affluent de l'Escaut, constitue un terroir de marécages et d'étangs que borde l'alignement des peupliers. On y découvre des oiseaux aquatiques et l'on peut y pêcher à la ligne. On y fait quelques cultures, surtout celle de l'ail. Arleux a sa fête de l'ail, avec kermesse, défilé de majorettes, élection de la reine de l'ail et dégustation gratuite de la soupe à l'ail, la spécialité du pays !

Cambrai. La Porte de Valenciennes et la cathédrale Notre-Dame (XVIIIe siècle). Ci-contre : maison au bord d'un cours d'eau, près d'Arleux.

LA VALLEE DE LA SAMBRE

Affluent de la Meuse, qu'elle rejoint à Namur, la Sambre naît en Thiérache et coule dans une vallée qui constitue une grande voie de passage vers la Belgique et l'Allemagne. Ce pays frontalier est occupé, depuis le siècle dernier, par les industries métallurgiques, surtout, autour de Maubeuge, entre Aulnoye, Hautmont et Jeumont. En amont, la Sambre serpente à travers un bocage de pâturages et de haies vives, que dominent peupliers et saules.

La forêt de Mormal — 9 000 hectares — la plus vaste de la région, comprend une réserve de chasse où vivent cerfs et chevreuils. De belles futaies de hêtres et de chênes en font le charme. De part et d'autre, de petites villes ont gardé leur caractère paisible, en dépit des guerres qui les ont souvent ravagées.

Au centre même de la forêt, Locquignol fut connue pour l'habileté de ses sabotiers et de ses artisans du bois. Au nord, Le Quesnoy eut beaucoup à souffrir des guerres de Louis XIV qui la fit ensuite fortifier par Vauban. Ses remparts offrent aujourd'hui d'agréables promenades entre les étangs qui baignent le pied des murailles. Au sud, sur la Sambre, Landrecies et Berlaimont.

Maubeuge est le centre le plus important de la vallée. Elle fut fondée vers 657 autour de deux monastères de dames chanoinesses qui eurent privilège de "battre monnaie" et développèrent la fabrication de la draperie. Dès le XIIIᵉ siècle, Maubeuge jouissait d'une organisation communale. Le traité de Nimègue la donna à la France en 1678, et l'année suivante, le roi Louis XIV y faisait son entrée solennelle. Vauban fut chargé d'en assurer les fortifications, maintes fois attaquées au cours des siècles suivants, et jusqu'en 1940, par les bombes incendiaires.

De son passé, la ville conserve quelques bâtiments du Chapitre des dames chanoinesses, l'ancien collège des jésuites et divers éléments de son enceinte, dont la belle Porte de Mons, de 1685, flanquée de douves et d'une demi-lune.

A l'ouest de Maubeuge, Bavay, aujourd'hui petite ville de 4 000 habitants, est l'une des plus anciennes du nord de la France. Capitale du pays des Nerviens, elle fut assiégée par César après une bataille sur les bords de la Sambre qui fit périr plus de 60 000 combattants.

Un historien du siècle dernier relatait en ces termes les splendeurs de Bavay, l'antique Bagacum : "Sous la domination romaine, Bavai devint plus florissante qu'elle n'avait jamais été. La civilisation, apportée par les conquérants, y fit de rapides progrès. Les magistrats, les officiers et cette foule de clients qui les entouraient, amis des lettres, des arts, et habitués au luxe et au faste de l'Italie, y élevèrent des temples, des palais, des aqueducs et des thermes. La cité était ceinte d'un mur flanqué de tours et percé de plusieurs portes..."

Les invasions barbares et les guerres du XVᵉ au XVIIᵉ siècle ruinèrent la cité. Elle ne comptait plus, au début du XVIIIᵉ, que 110 "feux". Depuis la guerre, surtout, des fouilles ont permis de dégager les restes d'un vaste cirque, d'une basilique, de thermes — et des pièces archéologiques, qui sont présentées dans un petit musée. Une statue de la reine Brunehaut — qui perfectionna le réseau des voies romaines — occupe le centre de la Grande-Place, face au beffroi et à l'Hôtel de Ville.

Ci-dessus : le château de Rametz, à St-Waast, dans les environs de Bavay. **Ci-contre** : l'église St-Pierre, à Locquignol. **A droite** : les vestiges gallo-romains de Bavay et la Porte de Mons à Maubeuge, vestige des fortifications de Vauban.

L'AVESNOIS ET LA VALLÉE DE L'HELPE

Un pays de transition entre la plaine du Hainaut et les vallonnements profonds de l'Ardenne, entre les terres à betteraves et les étendues forestières. Un pays d'élevage, d'herbages et de vergers, autour de deux

petits affluents de la Sambre, l'Helpe majeure et l'Helpe mineure, dont les hautes vallées – la première surtout – abondent en sites pittoresques. Ce qui leur ont valu d'être appelées la "petite Suisse du Nord".

Avesnes-sur-Helpe naquit au XIᵉ siècle avec la construction d'un château-fort autour duquel des serfs s'établirent. La dynastie des sires d'Avesnes connut au Moyen-Age, des événements dramatiques que relatent les chroniques locales. Bouchard, frère de Watier d'Avesnes épousa la fille du comte Baudouin de Flandre, dont il avait eu la garde, lors du départ du comte pour la Croisade. Prêtre apostat, il eut à subir l'anathème de l'Eglise et la haine de la famille. Ses descendants finirent cependant par être reconnus légitimes héritiers des comtes du Hainaut, et devaient, dans l'avenir, donner des comtes à la Hollande, une reine à l'Angleterre, une impératrice à l'Allemagne.

Après le décès de Charles VII, c'est à Avesnes que son fils Louis XI, réfugié à la cour de Bourgogne, revêtit la pourpre royale sous les acclamations de la foule massée sur la Grande-Place. Mais quand, des années plus tard, les troupes françaises envahirent le Hainaut, Avesnes refusa la soumisssion et fut rasée "pour l'exemple", par Louis XI ! "La population entière, sans distinction d'âge, ni de sexe fut massacrée, et les flammes détruisirent ce que le fer des soldats n'avait pu anéantir. Huit maisons seulement restèrent debout, et de tous les habitants d'Avesnes, il ne survécut que 16 ou 17 personnes jugées riches, et épargnées pour tirer d'elles de fortes rançons." (*Histoire des villes de France*, 1845.)

La malheureuse cité se releva pourtant,

passa à la Maison d'Autriche, puis à l'Espagne, avant d'être rattachée à la France par le traité des Pyrénées. La Grande-Place, avec ses maisons de l'époque et l'église Saint-Nicolas au clocher massif, ont gardé leur caractère. La ville conserve quelques parties de remparts.

Un monument érigé sur les allées, rappelle un fait peu connu. Il est dédié à la mémoire de Jessé de Forest et de ses compagnons pour "avoir contribué puissamment à la fondation de New York". Ayant groupé 56 familles protestantes d'Avesnes, ce négociant intrépide quittait l'Europe avec ses compagnons pour s'établir sur les rives de l'Hudson, avec l'accord de la "Cie des Indes Occidentales", mais celle-ci détourna l'expédition vers la Guyane, et ce n'est que 13 ans plus tard que les fils de Jessé de Forest purent réaliser le rêve de leur père. Ils laissèrent une descendance qui se poursuit encore dans la métropole américaine.

Toute la vallée de l'Helpe majeure offre de charmants paysages, jusqu'au barrage d'Eppe-Sauvage, devenu le lac du Val-Joly et à la forêt de Trélon. Solre-le-Château, avec son église gothique, Sars-Poteries et son Musée du Verre, Cousolre et ses carrières de marbre, enfin Maroilles et ses fromages, sont des petites villes attrayantes qui font déjà partie de la Thiérache, ainsi qu'Etroeungt, où la "Maison de la Thiérache" est installée dans une ancienne beurrerie.

La tour de l'église St-Nicolas, et les "Gilles" à Avesnes-sur-Helpe. Ci-contre : une exposition de moules anciens pour la fabrication de fromages de Maroilles, à Fontenelle en Thiérache. A droite : un pâturage dans l'Avesnois; le village d'Eppe-Sauvage dans la vallée de l'Helpe.

ARRAS, CAPITALE DE L'ARTOIS

La capitale des Atrebates, qui peuplaient la région avant la conquête de César, se nommait Nemetocenna, latinisé en Nemecatum. On en trouve les traces à Etrun, un village voisin d'une lieue de la ville actuelle d'Arras. De celle-ci, saint Gérôme fait mention au IVe siècle, pour vanter la qualité de ses étoffes.

Après les ravages causés par les hordes d'Attila, la cité s'était donc relevée, autour d'un oratoire dû à un compagnon de saint Rémy, nommé Vaast, qui mourut en 540. Un monastère fut ensuite bâti et protégé par une forteresse, tous deux voués à la destruction. Sur leur emplacement, le cardinal de Rohan fit construire l'abbaye qui forme aujourd'hui, avec la cathédrale, un bel ensemble. Au-delà de la cour d'honneur, on

accède au petit cloître que bordent des galeries de sculptures et au Musée des Beaux-Arts situé aux étages. On y remarque des triptyques de Ballegambe, de Douai, dit le "Maître des couleurs", et des toiles de l'Ecole française du XIXe.

La cathédrale, construite de 1766 à 1833, contient des statues de saints provenant du Panthéon de Paris, et des fresques évoquant la légende de saint Vaast.

Mais l'intérêt architectural majeur d'Arras est constitué par les deux places contiguës – Grande Place et Place des Héros – dans le style flamand, avec de hautes maisons à arcades et frontons sculptés.

L'Hôtel de Ville et le beffroi, détruits au cours de la Grande Guerre, ont été reconstruits dans le style flamboyant. Une statue du Lion d'Arras se dresse au sommet du beffroi, haut de 75 m.

Quelques palais – le Palais de Justice, ancien palais des Etats d'Arras, du XVIIIe – quelques hôtels – celui de Guines, du XVIIIe, celui des Poissonniers, orné de motifs marins, dieux et sirènes – sont à voir, ainsi que la citadelle de Vauban, sa chapelle baroque de 1675, et les églises Saint-Nicolas-en-Cité et Notre-Dame-des-Ardents, dans la basse-ville.

Arras est la patrie de Robespierre. Il y fit ses études au collège, de 1765 à 1769, avant de les poursuivre à Paris. Il revint à Arras pour y exercer la profession d'avocat, y rencontra Carnot et Fouché, alors professeur au collège ; et aussi Joseph Lebon, responsable des destructions qui ruinèrent les églises de la ville, et des exécutions de nombreux aristocrates et riches fermiers.

Arras. Le palais St-Vaast et la cathédrale; les colonnades de la Grand-Place. A droite : les maisons de la Grand-Place; au milieu le toit de l'hôtel de ville.

La région d'Arras est celle des champs de bataille de 1914/18. Nous les évoquerons plus loin. Au nord, le dolmen de Frémicourt et surtout le château d'Olhain, méritent une visite. Ce dernier dresse ses tours au milieu des eaux, dans un site plaisant.

Le bassin minier de Valenciennes se prolonge en Artois par Lens et Bruay-en-Artois jusqu'à Béthune − grande-place flamande et beffroi − cité fortifiée par Vauban. Plus à l'ouest, Lillers, patrie de Philippe Pétain, possède une collégiale du XIIe, la seule construction romane de la région, − Ham-en-

Artois, avec son abbaye Saint-Sauveur, − et Amettes, où naquit saint Benoît-Labre, le vagabond des sanctuaires. On a sauvé sa chaumière natale ; ses cendres sont dans l'église du XVe, bâtie au flanc du coteau et devenue un lieu de pèlerinage.

Un paysage des environs d'Arras; le château d'Olhain. A droite : Lesn. Les corons et le cœur de la ville, avec l'église St-Léger.

Bruay-en-Artois : le bassin houiller et les corons. A droite : vue de Béthune; la Grand'Place et le beffroi; deux aspects de son étonnant marché aux fleurs.

LES CHAMPS DE BATAILLE DE L'ARTOIS

L'Artois et la Picardie, comme la Flandre, furent, durant des siècles, le théâtre de conflits où s'affrontèrent tous les peuples de l'Europe de la guerre de Cent Ans à la retraite napoléonienne, en passant par la lutte qui opposa la Bourgogne à la France, au cours du XVᵉ siècle.

Mais les guerres les plus meurtrières furent bien celles de notre siècle ! En 1914/18, comme en 1940/45, c'est en partie dans le nord de la France que s'est joué le sort du monde occidental.

Ces guerres ont laissé sur toute la région, des ruines et des cadavres par centaines de milliers. Les ruines ont été relevées, mais beaucoup de monuments ont disparu et les nécropoles qui parsèment la campagne disent encore la violence des combats et les deuils qu'ils causèrent à travers le monde !

C'est au cours des années 1914/18 que les batailles de l'Artois et de la Somme furent souvent acharnées. Et c'est au nord d'Arras que l'on peut suivre cette "route du souvenir", marquée par les cimetières militaires et les monuments élevés en hommage aux combattants qui furent les victimes du conflit.

Dès le faubourg Sainte-Catherine, vers la route de Béthune, des cimetières britanniques s'étendent au bord de la Scarpe. A La Maison Blanche, un cimetière allemand de 42 000 tombes, puis à La Targette, des cimetières britanniques et français. Plusieurs monuments sont élevés à La Neuville-Saint-Vaast, ainsi que dans la plaine et sur les coteaux, à la mémoire des morts canadiens, marocains, polonais, tchécoslovaques. Certaines zones ont été maintenues dans leur état de champ de bataille, ravagées par les trous d'obus et de mines. Un grand souterrain allemand, le Labyrinthe, est encore visible a proximité de La Neuville.

A l'est, la crête de Vimy fut l'enjeu de combats terribles auxquels participèrent les troupes canadiennes. Un mémorial rappelle le sacrifice de 75 000 Canadiens, tombés sur cette terre française au cours de la guerre de 14/18.

Plus au nord — sur la route nationale 37 — c'est encore Souchez et le Cabaret rouge, Alain-Saint-Nazaire et la colline de Notre-Dame-de-Lorette, point culminant des collines de l'Artois, devenu un haut-lieu du souvenir. Une tour-lanterne s'élève à 52 m. de hauteur au-dessus de l'ossuaire établi dans une crypte et qui contient les restes de 16 000 soldats inconnus. Le cimetière voisin compte 18 000 tombes.

Au sud d'Arras, Albert est le centre d'un autre circuit des champs de bataille, ceux de la Somme. Il conduit notamment au Mémorial britannique de Thiepval et au Parc-Mémorial de Beaumont-Hamel, où des tranchées, des abris sont les témoignages de ce que fut la longue guerre de position des années 16 et 17.

Ci-dessus : les tranchées de Vimy et une vue de la région, depuis la crête de Vimy. **Ci-contre :** le mémorial canadien.

SAINT-OMER
LE HAUT-PAYS D'ARTOIS

Saint-Omer doit son nom à son fondateur, Omer, évêque de Thérouanne, qui, en 637, quitta son monastère pour aller évangéliser la contrée marécageuse de la vallée de l'Aa où vivaient quelques tribus barbares. Un temple à Minerve y subsistait depuis l'époque romaine. Il fut abattu et l'on éleva une église autour de laquelle se forma une bourgade. Quelques décennies plus tard, d'autres religieux – dont Bertin – fondèrent une autre abbaye dans l'île de Sithin, sur la rivière, dont les ruines s'élèvent aujourd'hui dans un décor de verdure. Entre les deux monastères, une ville se développa qui dut peut-être à cette double origine religieuse, de devenir une cité aristocratique d'éducateurs et de magistrats.

Les invasions normandes, les guerres avec les Anglais et les Flamands, valurent à Saint-Omer les avanies coutumières. L'abbaye de Saint-Bertin fut détruite à la Révolution. Quelques beaux hôtels des XVIIᵉ et XVIIIᵉ siècles, ainsi que l'ancien collège et la chapelle des jésuites, témoignent cependant encore de l'élégance architecturale de la ville.

Elevée au XIVᵉ siècle, à l'emplacement de l'église bâtie par Omer, la cathédrale figure parmi les plus remarquables du nord de la France. Le haut clocher carré avec ses tourelles de guet, son portail sculpté, montre l'importance de l'édifice, autant que la richesse de sa décoration intérieure : toiles, sculptures, dont le "Grand Dieu de Thérouanne". Le tombeau de saint Omer se trouve dans la nef.

Ci-contre : reconstitution d'une cuisine flamande, au musée Henri-Dupuis à St-Omer. En dessous : le "Romelaere", dans la région de St-Omer. Ci-dessous : la cathédrale Notre-Dame et son clocher.

Les anciens remparts ont fait place aux allées d'un jardin public de 10 hectares, qui mêle harmonieusement les vestiges de quelque bastion aux perspectives sur la ville et ses toits.

Autour de Saint-Omer, s'étendent les "Watergangs", 300 km de canaux que l'on peut parcourir en bateau, dans la zone marécageuse qui entoure la cité. Ici et là, des abbayes, celles de Clairmarais, de St-Paul-de-Wisques, des bénédictines de Notre-Dame, – la forêt de Clairmarais et l'étang d'Archelles, – ajoutent à l'attrait de la campagne audomaroise, domaine privilégié des cultures maraîchères, favorisées par la nature du sol.

Au-delà du plateau d'Helfaut, les vallées de l'Aa et de la Lys, enferment de gros bourgs, Fauquembergues et Marck-Saint-Liévin, dans la première, avec des églises des XIIIe et XVIe, Thérouanne et Aire-sur-la-Lys, dans la seconde. Thérouanne qui fut capitale de la Morinie au temps des Romains, place forte et évêché au XVIe, mais qui fut plusieurs fois ravagée par les incendies et les guerres, et n'est plus aujourd'hui qu'un village de 800 habitants. En amont, Aire n'a guère connu meilleur sort, mais elle s'est relevée lors de la domination espagnole et conserve de beaux monuments : le bailliage de style Renaissance, le beffroi et l'Hôtel de Ville, du XVIIIe siècle, et la Collégiale Saint-Pierre, gothique et Renaissance, avec sa tour de 62 m richement décorée.

La Lys et l'Aa naissent dans le Haut-Pays d'Artois, parcouru de nombreux ruisseaux, coupé de plaisantes vallées, et qui s'ouvre au tourisme par de petites routes pittoresques et des sentiers balisés reliant de vieux villages où l'on trouve manoirs d'époque et églises classées.

A gauche : la tour de la collégiale St-Pierre, à Aire-sur-la-Lys, et le Bailliage du XVIe siècle. A droite et ci-dessous : paysages des alentours de St-Omer et les "watergangs" dans les marais.

CALAIS, PREMIER PORT DE VOYAGEURS DE FRANCE

Calais et la côte de la Manche, du cap Gris-Nez à l'estuaire de la Somme, ont fait partie, jusqu'à la Révolution, de la province de Picardie, et non de l'Artois, comme le laisserait penser son intégration au département du Pas-de-Calais. La Picardie se composait alors de nombreux "pays", du Vermandois au Valois, et son importance était telle qu'une "nation picarde" figurait à l'Université de Paris.

Le terme de Picardie apparaît pour la première fois dans l'Histoire en 1025. Le terme aurait défini le caractère de ses habitants, "querelleur et pétulant", ou, selon d'autres sources, serait un dérivé de *picardus*, soldat armé d'une pique !

Calais est mentionné dès 858, parmi les dépendances de l'abbaye de Saint-Bertin, et demeura sous sa juridiction jusqu'au XIIe siècle. De cette époque, datent les premiers conflits avec l'Angleterre, qui, durant des siècles, allaient faire passer la ville au pouvoir, tour à tour, des royaumes de France et d'Angleterre. L'histoire, quelque peu légendaire, des "six bourgeois de Calais", se rendant en chemise et la corde au cou, devant le roi d'Angleterre, pour sauver leur cité et

ses habitants, a inspiré chroniqueurs, peintres, dramaturges et sculpteur, en l'occurrence Auguste Rodin. On peut voir, près du parc Saint-Pierre, son célèbre groupe, grandeur nature, exécuté en 1895, en hommage à Eustache de Saint-Pierre et à ses compagnons. Une fresque de la salle du conseil de l'Hôtel de Ville, évoque aussi l'événement.

La ville demeura au pouvoir de l'Angleterre durant plus de deux cents ans. La victoire du duc de Guise, la rendit à la France en 1558, au grand désespoir de Marie Tudor qui y était très attachée.

La ville et le port sont aujourd'hui le trait d'union entre les deux pays. C'est, par le

nombre des passagers, le premier port français pour le trafic des voyageurs. D'importants travaux avaient été faits au cours du

XIXᵉ siècle pour sauver le port de l'ensablement qui le menaçait. Les installations portuaires et les quartiers voisins ont été reconstruits après la dernière guerre. Entre les bassins et la citadelle de Vauban, la vieille ville n'a guère conservé qu'une tour de guet sur la place d'Armes. L'église Notre-Dame, construite aux XIIIᵉ et XIVᵉ siècles, a été restaurée. Le phare situé près de l'avant-port, offre un beau panorama sur la ville et le détroit.

La dentelle de Calais fut longtemps une industrie prospère ; elle est aujourd'hui supplantée par des activités diverses.

Dans l'arrière-pays, Guines et Ardres rap-

pellent le fameux "Camp du Drap d'Or", qui réunit en 1520, François Iᵉʳ et Henri VIII. Ils rivalisèrent de faste pour une rencontre qui devait tenter une entente cordiale. Elle n'aboutit pas, et accrut la rancoeur du roi d'Angleterre, vaincu par son rival dans une lutte amicale.

La forêt de Guines, au sud de la ville, s'étend sur plus de 800 hectares, au pied des collines du Boulonnais. Ardres, sur la route de Saint-Omer, possède une allée de tilleuls séculaires et un lac. La place d'Armes et l'ancienne chapelle des Carmes donnent un aimable pittoresque à cette petite ville agricole.

Calais. **A gauche : la digue, le port et la tour du Guet (XIIe siècle). Ci-dessus : l'hôtel de ville et la statue de Rodin, représentant les "Bourgeois de Calais". Ci-dessous : l'église Notre-Dame; une place de la petite ville d'Ardres, voisine.**

LA CÔTE D'OPALE
DE CALAIS A BOULOGNE

Le détroit, ou "pas" de Calais – une tren-
taine de kilomètres entre la France e
l'Angleterre – fut le champ d'expérience
des premiers aéronautes. Dès 1785, le physi
cien Pilâtre de Rozier et son aide Romain
tentaient une traversée de la Manche en
ballon. Leur appareil prit feu et les deu
passagers s'écrasèrent au sol à Wimille, près
de Boulogne. L'exploit fut réalisé la même
année par Blanchard et Jeffries, au départ
de la côte anglaise. Ils atterrirent sans dom
mage dans la forêt de Guines, où une
colonne commémorative rappelle leur suc
cès.

La traversée de la Manche eut aussi un
grand retentissement au début de l'aviation
Elle fut accomplie par Louis Blériot, le 5 juil
let 1909, des Baraques, près de Calais, au
abords de Douvres. Un monument a été
élevé sur le site de l'envol, près d'une petit
station balnéaire dénommée Blériot-Plage
Moins heureux, Latham dut renoncer, mai
sa tentative est cependant évoquée par un
autre monument, sur la falaise du cap
Blanc-Nez.

Après Sangatte, commencent les falaise
crayeuses qui bordent la côte, coupées d
plages comme celle de Wissant, entre le
caps Blanc-Nez et Gris-Nez, dominant la me
de plus de cent mètres. Au-delà, la côte d
la Manche s'infléchit vers le sud, avec d
belles plages, telles Ambleteuse et Wime
reux, au creux de vallons côtiers.

**Sur cette page : accès à la plage et falaises d
cap Blanc-Nez. A droite : différents aspects d
cap Gris-Nez.**

Blanc Nez ↓

Wissant ↓

Gris ← Nez

Du blanc nez au
Gris nez il y a 14 kilom.
par la plage, à marée
basse. via Wissant =
c'est ma promenade
favorite

WISSANT ↓

Le Gris nez ↓

le Blanc Nez

Ci-dessus : la côte de la Manche autour du cap Blanc-Nez. Ci-dessous : la station de Wimereux et sa plage. A droite : la plage de Wissant et l'arrière-pays.

Le batiment où j'habite n'etait pas encore constru... Il fut construit dans l'espa... vide derrière les cabines qu'on apelle des kiosque... L'arrière pays n'a pas changé -
C'est plus joli, vu d'helicop... que sur ma photo - (ma... le jour où j'ai eu les clefs le ciel était gris)

Boulogne-sur-Mer s'est formée, de même, au débouché de la vallée de la Liane. C'est le port de pêche le plus important de l'Europe par le tonnage du poisson, et le second de France, par le trafic des voyageurs. Sept kilomètres de quais accueillent cars-ferries, chalutiers et plaisanciers. La gare maritime est très animée, face au quai Gambetta où les patrons pêcheurs vendent leurs poissons aux passants. Les affaires de la pêche industrielle se traitent à la halle-aux-poissons voisine.

En arrière du port, le casino précède la digue-promenade et la plage, que fréquentaient déjà les baigneurs du Second Empire. Le Calvaire des Marins s'élève sur la colline, à l'emplacement d'un ancien fanal romain.

Du port, la Grande-Rue conduit à la Ville-Haute enfermée dans ses remparts du XIIIᵉ siècle, que percent quatre portes massives. A l'intérieur se trouvent les principaux monuments de la cité. La basilique Notre-Dame est un lieu de pèlerinage. Elle fut construite au XIXᵉ siècle, sur les vestiges d'une ancienne cathédrale, et conserve une crypte romane comprenant une dizaine de salles, où l'on remarque des fragments d'un temple romain et l'amorce des colonnes primitives.

Le château occupe l'un des angles de l'enceinte. Il date du XIIIᵉ siècle, ainsi que le beffroi. L'Hôtel de Ville, de brique et pierre, est de 1730.

En descendant la Grande-Rue, on peut voir la Casa San Martin, où mourut le général argentin qui libéra son pays de l'emprise espagnole, ainsi que le Chili et le Pérou. Tout auprès, le Musée et l'église Saint-Nicolas du XIIIᵉ, achevée au XVIIIᵉ.

A 5 km de Boulogne, Le Portel, petit port de pêche, a aussi sa plage. Dans l'arrière-pays, la forêt de Boulogne et celle de Desvres, tapissent les premières collines du Boulonnais. Desvres est réputée pour ses faïences, sa foire, et ses cortèges de chars et groupes costumés.

Boulogne-sur-Mer. Le port de pêche, la Porte Gayolle (XIIIe siècle), partie des remparts et, en haut, à droite : le château fortifié. Au-dessous : le manoir de Cahen, à Licques, le château de Colembert et une ferme typique de l'architecture du Boulonnais.

MONTREUIL-SUR-MER
ET LA VALLÉE DE LA CANCHE

Montreuil-sur-Mer a gardé son nom, mais elle a perdu la mer ! Le nom lui vient d'un monastère (monasterium) établi par saint Saulve, évêque d'Amiens, en 680, sous la protection du château bâti par les Francs. Du port, où les Phéniciens avaient élevé un phare, la mer se retira au fil des siècles, et des marécages s'étendirent là où les flots venaient autrefois battre les murs de la ville. Après de multiples dommages subis au Moyen Age, Louis XIV entreprit de rendre le port accessible aux navires de cabotage, mais les travaux ne purent être menés à terme et Montreuil-sur-Mer, dans la zone du Marquenterre, se trouve aujourd'hui à une quinzaine de kilomètres de la Manche.

Des péripéties de son histoire, Montreuil garde l'aspect d'une place forte. Sa citadelle construite au XVIᵉ siècle et remaniée par Vauban au XVIIᵉ, conserve deux tours rondes de l'ancien château du XIIIᵉ et la Tour Berthe, du XIVᵉ.

Les remparts, de pierre et brique, sont de la même époque. On peut en faire le tour par un chemin de ronde offrant de belles vues.

L'église Saint-Saulve est une ancienne abbaye bénédictine du XIᵉ, remaniée aux XIIIᵉ et XVIᵉ. Elle contient des peintures de Jouvenet et de Restout. Sur les jardins qui entouraient l'abbaye, une promenade a été aménagée et l'Hôtel de Ville a été construit. L'Hôtel-Dieu est de 1860. Sa chapelle de style flamboyant possède un porche d'origine. D'autres vestiges sont à remarquer : l'ancien couvent des Carmes et l'abbaye

En haut : les fortifications de la citadelle de Montreuil; ici, la tour Blanche et le chemin de ronde. Au loin, on distingue la chartreuse Notre-Dame-des-Prés, de Neuville-sous-Montreuil. Ci-contre : tour et entrée de l'ancien château Royal. A droite : deux aspects de la Cavée St-Firmin, où Victor Hugo rédigea *Les Misérables*, une rue aux petites maisons caractéristiques, le clocher et le porche de l'église St-Saulve.

d'Austreberthe. Montreuil-sur-Mer constitue, d'autre part, une base de départ pour des randonnées dans la charmante vallée de la Course, vers Montcavrel — belle église de style gothique flamboyant — et vers Humbert, dont l'église possède deux statues d'anges, en bois de chêne.

On peut aussi remonter la vallée de la Canche à travers les terres grasses qui bordent ce fleuve côtier. On verra au passage, l'ancienne chartreuse Notre-Dame-des-Prés,

devenue hospice, le village de Brimeux et son étang, la forêt d'Hesdin et la ville, située au confluent de la Canche et de la Ternoise, fondée par Charles-Quint, après la destruction du Vieil-Hesdin. L'Hôtel de Ville est installé dans l'ancien palais de Marie de Hongrie, sœur de Charles-Quint gouvernante des Pays-Bas. Il date des XVIe et XVIIe siècles, ainsi que l'église Notre-Dame, de style gothique, avec un porche Renaissance et des boiseries du XVIIIe.

Au-delà du Vieil-Hesdin, on atteint Flers, qui possède un château en brique et pierre, avec une chapelle seigneuriale, — puis Frévent et ses deux églises du XVIe, — le château de Cercamps du XVIIIe construit sur les restes d'une abbaye fondée au XIIe, par les comtes de Saint-Pol, qui siégèrent dans la petite ville du même nom, sur la Ternoise, et qui fut une place forte importante au cours du Moyen Age.

En haut : le village de Montcavrel, près de Montreuil, et la campagne environnante. A gauche : la façade de l'hôtel de ville de Hesdin. A droite : l'église Notre-Dame et la Canche, à Hesdin. Au-dessous : la campagne aux alentours de Rebreuve-sur-Canche.

LES DUNES ET LA FORET
DU TOUQUET A BERCK-PLAGE

Aux falaises du Pas-de-Calais succèdent, au sud de Boulogne, les dunes de sable plantées d'oyats qui bordent les plages de la côte, jusqu'à l'embouchure de la Somme.

Hardelot niche ses riches villas entre la mer et la forêt. Des étangs, les restes d'un vieux château agrémentent la campagne voisine. D'autres petites stations de bains s'échelonnent jusqu'à la baie de la Canche. Et c'est Le Touquet-Paris-Plage, la plus cotée du littoral... Cette élégante villégiature vient tout juste d'avoir cent ans. Les premières villas furent construites en 1882, par le propriétaire d'un domaine acheté à l'Etat. Vingt ans plus tard, en 1902, une société anglaise reprit les terrains restant à bâtir, et en dix ans, créa une commune qui fut appelée Le Touquet-Paris-Plage, ainsi que l'avait souhaité le fondateur.

La guerre de 1914/18 et l'invasion de 1940 firent bien des dégâts dans la ville. Elle avait pourtant acquis, dès le début des "années folles" – 1920 – une flatteuse réputation, surtout auprès de ses voisins d'Outre-Manche.

L'immense plage de sable fin est bordée par une digue-promenade où s'alignent les villas et les hôtels de luxe. Une piscine marine, le Casino de la plage, un établissement de thalassothérapie y sont installés. A l'intérieur de la ville aux allées bordées d'arbres, le Palais de l'Europe accueille les congrès et le Casino de la forêt, les amateurs de jeux. Le phare, reconstruit après la guerre, s'élève au cœur de la station. Enfin, à la pointe du Touquet, sur les bords de la Canche, un port de plaisance a été creusé, auquel conduit une route en corniche longeant la plage.

Des villas noyées dans la verdure annoncent la forêt voisine. Elle est aussi de création récente. Elle fut plantée d'aulnes, de bouleaux, de peupliers, de saules, et de pins, par le propriétaire du domaine, vers le milieu du siècle dernier. Elle s'étend aujourd'hui sur plus de 800 hectares et offre aux estivants d'agréables promenades pédestres et équestres.

A l'entrée de l'estuaire de la Canche, Etaples contraste par son caractère de vieux

La pinède du Touquet, le front de mer, le centre de la station et la plage. A gauche : le château de Condette et une vue d'Hardelot.

port de pêche, et son quartier des marins aux maisons basses, aux ruelles étroites. Là vivent et s'affairent celles que l'on appelle les "matelotes", en raison de la part qu'elles prennent souvent aux travaux de la pêche.

Au sud du Touquet, les plages se continuent, avec d'autres stations plus modestes, Stella-Plage, Merlimont-Plage, jusqu'à Berck-Plage, dont on connaît la vocation particulière dans la thérapeutique marine. On y soigne les affections osseuses dans six établissements de cure. Jeanne Galzy a évoqué la vie des "allongés", dans un roman qui eut grand succès en son temps. Mais ces malades ne sont pas contagieux et Berck reçoit aussi beaucoup de familles d'estivants qui apprécient la sécurité de sa plage et la salubrité de son air.

Au-delà de la baie d'Authie, c'est enfin Fort-Mahon-Plage, et Quend-Plage-les-Pins, près de l'embouchure de la Somme. Un grand parc d'attractions de 25 hectares a été créé depuis la guerre, Bagatelle, à quelques kilomètres de Berck. On y trouve un zoo – avec lions, panthères, cerfs, sangliers, etc. – un manège hippique, un lac pour le canotage, un aéro-club et des attractions foraines en tous genres !

La mer à Berck, le port de pêche d'Etaples et la plage de Fort-Mahon. Ci-dessous : un aspect de Quend-Plage, et une vue de Merlimont, entre Berck et Le Touquet.

Capitale de l'ancienne province de Picardie, après avoir été celle des Ambiani, un peuple belge établi sur les rives de la Somme, Amiens, est devenue au fil des siècles, un centre important entre Paris et les pays du nord de l'Europe.

La Somme s'y divise en de nombreux bras et reçoit, en amont, l'Avre, et en aval, la Selle, qui alimente un beau bassin, entre le parc zoologique et la promenade de la Hotoie.

A l'opposé de ce quartier, les étangs de Saint-Pierre et de Rivery, précèdent les célèbres "hortillonnages", jardins maraîchers arrosés par de petits canaux et dont les produits sont vendus au "marché sur l'eau".

Le centre s'ordonne autour de la cathédrale, l'une des plus remarquables de l'époque médiévale. Elle fut commencée en 1220 après l'incendie de l'église primitive, et consacrée en 1264. Elle frappe par l'unité de son style et la rigueur de la construction. La façade comporte trois portails dont les galeries et les tympans sont ornés d'une série de figures sculptées, évoquant le Christ, la Vierge, les saints, des épisodes de la Bible, les signes du Zodiaque, les travaux des saisons.

Deux tours, achevées aux XIVᵉ et XVᵉ siè-

Amiens. Divers aspects de la belle cathédrale. A droite : une rue du quartier ancien la Maison du Bailliage, et l'hôtel de Berny.

les, s'élèvent à plus de 60 mètres. En arrière, l'abside comprend sept chapelles rayonnantes. L'intérieur surprend également par l'ampleur de la nef, large de six travées. Le chœur est fermé par des grilles de fer forgé du XVIIIᵉ et comporte 110 stalles admirablement décorées d'innombrables figures. Quant au célèbre "ange pleureur", il se trouve sur le monument du chanoine Lucas, en arrière du maître-autel.

La cathédrale a été miraculeusement préservée durant les bombardements de 1940, mais la ville a beaucoup souffert, notamment le quartier Saint-Leu et celui de de la gare, reconstruite, ainsi que les avenues voisines, à la mesure d'une cité en pleine expansion. En témoigne, entre autres, la Tour Perret, avec ses 26 étages !

La citadelle, construite sous Henri IV, de 1596 à 1606, a conservé une partie de son enceinte, ainsi que la Porte d'Amiens, datant de la Renaissance. Au pied, s'étendent les rues et les canaux du Vieil-Amiens.

Au cœur de la ville, de nombreux monuments sont à signaler : le beffroi, dont subsiste la base d'une tour carrée du XVᵉ,

– l'église Saint-Rémy, ancienne chapelle des Cordeliers, – l'église Saint-Germain du XVᵉ, et le vaste Hôtel de Ville de la fin du XIXᵉ siècle.

Le Musée de Picardie est installé dans un grand édifice de la même époque, qui s'élève au fond d'un décor de bassins, ornés de griffons.

L'Hôtel de Berny abrite un Musée d'art local et d'histoire de la région. Cet hôtel avait été construit en 1634 pour les réunions des trésoriers de France, dans un style Louis XIII, de brique et pierre.

Les célèbres "hortillonnages" des environs d'Amiens : les canaux, les cultures maraîchères et leur acheminement en barques vers les marchés sur l'eau.

LA VALLÉE DE L'AUTHIE,
DE DOULLENS A LA BAIE

La Picardie... Des terres de cultures et d'élevage. De légers vallonnements bordant les fleuves qui coulent vers les terres basses. Des pays : le Marquenterre, le Ponthieu, le Vimeu (où il faut voir le château de Rambures, magistral exemple de l'architecture militaire du XVe), le Santerre et le Vermandois, dans la haute vallée de la Somme... Des frontières mal définies de l'ancienne province qui, au XIVe siècle, englobait le littoral jusqu'à Calais. Une province devenue une région économique groupant les départements de la Somme, de l'Aisne et de l'Oise.

Au nord, cette frontière serpente à travers la vallée de l'Authie dont la source se trouve à une quinzaine de kilomètres, en amont de Doullens, ancienne sous-préfecture, au confluent de l'Authie et de la Grouches. Il convient de remonter ce dernier vallon pour voir Lucheux, en lisière d'une belle forêt et qui possède un important château féodal. Un donjon roman du XIIIe, les ruines de la grande salle aux fenêtres géminées, une chapelle accolée à l'enceinte et de grosses tours rondes du XVIe, composent un impressionnant ensemble. Le beffroi est une ancienne porte de ville et l'église, du XIIe, a des chapiteaux romans évoquant les péchés capitaux.

Doullens a gardé son caractère picard, mais elle eut beaucoup à souffrir au cours des siècles. L'église Notre-Dame, de style flamboyant et l'église Saint-Pierre, du XIIIe, remaniée au XVe, un beffroi carré dominant l'ancien Hôtel de Ville, de style Louis XIII, sont les monuments de la ville.

Sur la rive droite du fleuve, une route est tracée entre les pentes boisées et les prairies. De petits bourgs ponctuent ce tracé. Auxi-le-Château... château dont il ne reste que ruines. Mais l'église gothique ajoute ses clés de voûte aux splendeurs de l'art flamboyant, si bien représenté dans la région.

En aval, deux abbayes : celle de Dammartin, fondée par les Prémontrés au XIIe siècle, et l'ancienne abbaye de Valloires, fondée en 1158 par les comtes du Ponthieu et reconstruite après incendie au XVIIIe. Au-delà de la cour d'honneur, les bâtiments enferment un petit cloître. L'église est décorée de sculptures et de boiseries remarquables.

Argoules, avec un manoir et une église du XVIe, et Nampont, avec une forteresse de la même époque, sont les derniers bourgs avant d'atteindre la baie d'Authie, et Fort-Mahon-Plage.

Au sud, Crécy-en-Ponthieu rappelle la

bataille qui marqua la défaite de Philippe VI de France devant les Anglais, au cours de la guerre de Cent Ans. La forêt avoisinante s'étend sur 4300 hectares, entre la vallée de l'Authie et celle de la Somme. En direction de la mer, Rue – qui fut port de mer et place forte – se trouve au cœur du Marquenterre. Sa chapelle du Saint-Esprit est un joyau de l'art gothique flamboyant.

Sur cette page : le château de Rambures; l'Authie, près de Maintenay; l'abbaye de Valloires, dans la vallée de l'Authie. A droite : les moissons dans le Vimeu; le parc ornithologique du Marquenterre; l'autel de la chapelle du St-Esprit à Rue, capitale du Marquenterre, et le beffroi de Rue.

LA BASSE VALLEE DE LA SOMME

La Somme traverse toute la Picardie sur un parcours de près de 250 kilomètres. De sa source à la baie, la dénivellation n'atteint pas 100 mètres. C'est dire que ses eaux s'écoulent sans hâte, dans une vallée humide et verdoyante, et parsemée, surtout dans sa partie basse, d'étangs et de marais. On en extrayait autrefois la tourbe qui servait de combustible aux paysans, et l'on y cultivait les nénuphars.

Plusieurs routes permettent de remonter d'Abbeville à Amiens, en empruntant l'une et l'autre rive du fleuve. C'est dans une île que l'on aperçoit le château de Pont-Rémy, dont les bâtiments du XVᵉ ont été remaniés au XIXᵉ siècle en faux gothique.

Sur la rive gauche, le bourg de Liercourt a une église de style flamboyant avec un joli portail. Sur la rive droite, le village de Long, étagé sur le coteau, possède une église dont la flèche est du XVIᵉ, et un château de brique et pierre, avec mansardes et toits d'ardoise.

Longpré-les-Corps-Saints est ainsi nommé en raison des reliques conservées dans son église et qui furent envoyées d'Orient, au temps des Croisades, par le seigneur Alleaume de Fontaine, dont la tombe est

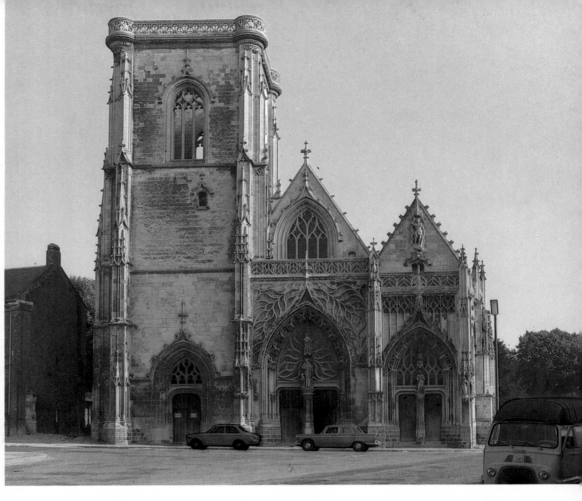

ABBEVILLE ET LA BAIE DE LA SOMME

Les guerres n'ont pas seulement détruit Abbeville. Elles l'ont défigurée en lui donnant un nouveau visage. Déjà, les bombardements de 1918 avaient fait disparaître ou endommagé nombre de ses vieilles maisons. En 1940, l'incendie a ravagé tout le centre de la ville : 1800 maisons anéanties, et leurs ruines rasées plus tard, pour établir, autour de l'ancienne collégiale de Saint-Wulfran, des maisons modernes de série.

L'église elle-même a beaucoup souffert.

Le chœur et la voûte s'effondrèrent. Ses tours massives sont demeurées, dominant une façade flamboyante, percée de trois portails ornés de sculptures Renaissance.

Si l'on veut avoir une idée de ce qu'étaient, avant la guerre, la place de l'Amiral-Courbet et les rues voisines, il faut voir au 15 de la rue des Capucins, la ravissante maison de bois qui a échappé au désastre.

Le Musée Boucher-de-Perthes contient des vestiges archéologiques découverts dans la région par ce pionnier de la préhistoire,

ans la crypte. De l'édifice originel, il reste n portail sculpté du XIIIe. La flèche gothique de 1700 a été refaite à la fin du XIXe iècle.

A quelques kilomètres, le cimetière militaire de Condé-Folie rappelle les combats ui eurent lieu au cours de la dernière uerre. En franchissant la Somme, on peut oir un camp romain dominant la vallée.

Hengest-sur-Somme, au débouché du val-on de Landon est connu par ses fabriques e toiles de Picardie et par ses cressonniè-es. L'église, des XIIe et XVIe, a des boiseries ntéressantes qui proviennent de l'abbaye u Gard.

Celle-ci est une abbaye cistercienne fon-ée en 1137 et dont Mazarin fut, en 1657, abbé commenditaire". Les Trappistes occupèrent après l'Empire. Le monastère a té restauré en 1967.

Les routes de la vallée se rejoignent à Pic-uigny, ancienne place forte, dont les ruines e l'important château rappellent les atta-ues de Charles le Téméraire et le traité igné entre Louis XI et Edouard IV d'Angle-erre.

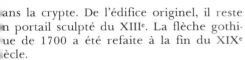

a vallée verdoyante de la Somme. A gauche : abbaye Notre-Dame à Hangest-sur-Somme, rès de Picquigny. A droite, Abbeville : maisons e la place du Pilori et l'église St-Wulfran.

mort à Abbeville en 1868.

La Manufacture des Rames – tissages de draps et tapisseries – est due à un émigré hollandais, Abraham Van Robais qui créa cette industrie à Abbeville au début du XVIIIe siècle. On lui doit aussi la charmante "folie" dénommée Bagatelle.

Les environs d'Abbeville sont plaisants. Le Mont Caubert domine la rive gauche de la Somme. Saint-Riquier possède une église abbatiale qui rappelle Saint-Wulfran.

Abbeville. Le canal de la Somme et le château de Bagatelle. Ci-dessous : la maison d'un grognard de l'Empire, dont le pignon rappelle le chapeau de Napoléon Ier. A droite : Gamaches, dans la région d'Abbeville, et l'entrée du château de Huppy.

Mais c'est surtout le large estuaire de la Somme qui constitue l'attrait touristique de la région. Au-delà des terres plates qui entourent Rue, le littoral du Marquenterre est bordé de stations balnéaires très fréquentées, surtout Le Crotoy, ancienne place forte, où l'on pratique la chasse aux oiseaux de mer.

Sur l'autre rive de la baie, Saint-Valéry-sur-Somme est un petit port actif. La ville haute, bâtie sur la colline, a de vieilles portes et quelques restes de remparts. A la pointe de la baie, Le Hourdel aligne ses maisons basses le long du port. D'autres stations s'échelonnent sur la côte de la Manche : Cayeux-sur-Mer, Ault et Onival, jusqu'à la région normande.

En baie de Somme : prés et moutons; la pêche aux palourdes. A droite : divers aspects du port du Crotoy et bateaux ex-voto dans l'église.

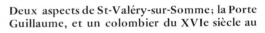 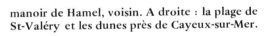

Deux aspects de St-Valéry-sur-Somme; la Porte Guillaume, et un colombier du XVIe siècle au manoir de Hamel, voisin. A droite : la plage de St-Valéry et les dunes près de Cayeux-sur-Mer.

Ci-dessus et à droite : deux aspects du port du Hourdel à marée basse. En bas : la station et les falaises crayeuses d'Ault; un marais des environs.

La boucle que dessine la Somme dans sa partie supérieure sépare deux pays : le Santerre et le Vermandois. Deux plateaux entre lesquels le fleuve s'étale et a laissé place, entre Bray-sur-Somme et Péronne, à la zone marécageuse des étangs de la Haute-Somme.

En remontant le fleuve, à la sortie d'Amiens, la petite ville de Corbie tint à l'époque carolingienne, une place importante dans la propagation de la foi chrétienne. Son abbaye avait été fondée par sainte Bathilde, épouse d'un roi franc. Les bâtiments conventuels ont été détruits à la Révolution. Il ne reste, de l'église abbatiale Saint-Pierre, que la nef et la façade avec trois portails, et ses deux tours mêlant le style gothique à des éléments postérieurs.

La collégiale Saint-Etienne faisait également partie de l'abbaye ; elle était vouée au culte de la Vierge dont une curieuse effigie orne le portail. C'est dans cette église que sainte Colette, née à Corbie, passa une partie de sa vie en recluse.

Un autre bel édifice se trouve à La Neuville-sous-Corbie, l'église Notre-Dame-de-l'Assomption, des XVe et XVIe siècles, avec un grand portail, dont le tympan évoque l'entrée de Jésus à Jérusalem.

Bray-sur-Somme fut autrefois un port fluvial et peut être une base pour visiter les étangs de la Haute-Somme, dont le belvédère de Vaux, permet d'embrasser l'étendue. A Froissy, un petit train touristique parcourt le plateau de Santerre.

La zone des étangs est parsemée d'îlots où l'on peut voir les nombreuses cabanes des pêcheurs. Le poisson y abonde et la pêche aux anguilles a fait de Péronne — sous-préfecture de la Somme — le centre du marché et d'une spécialité gastronomique. En face du vieux château, aujourd'hui restauré, en bordure d'un étang, la promenade du Cam offre d'agréables points de vues, de même que la Porte de Bretagne avec son pont-levis et les remparts qui subsistent de ce côté. Aux alentours, des cultures maraîchères occupent les "hardines", jardins potagers comparables aux "hortillonnages" d'Amiens.

Au-delà de Péronne, par Ham et Saint-Simon, la Somme s'incurve pour remonter vers Saint-Quentin, enserrant dans sa boucle, le Vermandois, un comté établi au IXe siècle. Vermand, sa capitale, avait été, au temps des Gaulois, le fief des Veromandui qui disparut à l'époque romaine.

Saint-Quentin-en-Vermandois est un carrefour important de la navigation fluviale. Son canal relie la Somme et l'Oise à l'Escaut, c'est-à-dire la région parisienne aux pays nordiques. Il comporte à Riqueval, un tunnel d'eau qui fut inauguré en 1810.

La Grand'Place est le cœur de la ville, riche de sa collégiale de style gothique flamboyant, de son Hôtel de Ville des XIVe et XVIe siècles et d'un Musée contenant une collection unique des pastels de La Tour. La source de la Somme est à une dizaine de kilomètres, à Fonsomme.

Un aspect de la vallée de la Somme ; l'hôtel de ville de Corbie et la Porte de Bretagne à Péronne. A droite : un paysage des environs de Péronne, l'intérieur de la cathédrale de St-Quentin ; le canal de St-Quentin.

LA THIÉRACHE, HAUTE VALLÉE DE L'OISE

A l'est du Vermandois, la haute vallée de l'Oise sillonne la Thiérache – "le pays vert" – une région de pâturages bordés de haies vives et dont les vallonnements donnent aux paysages un réel attrait. Pays d'élevage bovin et qui fut un temps un centre de la vannerie, que fournissait l'osier, abondant aux rives de l'Oise.

Vervins en fut la capitale. Cette petite ville étageant sur une colline ses maisons aux toits pentus a gardé quelques vestiges de ses anciens remparts. L'église, dominée par une haute tour de briques formant porche, a un chœur et une abside du XIIIᵉ et une nef du XVIᵉ.

Au nord du pays, quelques centres – Le-Nouvion-en-Thiérache, La-Chapelle-en-Thiérache, Hirson – qu'entourent de vastes forêts. Hirson, ancienne ville fortifiée, fut détruite par les Espagnols en 1650. Elle s'est développée, grâce à ses industries et à sa position au carrefour des voies ferroviaires.

Saint-Michel possède une abbaye qui fut fondée en 944 au cœur de la forêt. Incendiée, puis rebâtie au XVIIIᵉ, l'église a gardé des parties de style gothique primitif – le transept et le chœur de la fin du XIIᵉ. Elle comporte trois nefs et une façade du XVIIIᵉ siècle.

La forêt voisine, de 3 000 hectares d'essences variées, se développe en vallons parcourus de rivières à truite. La faune y est abondante et attire à la saison de nombreux chasseurs.

A l'ouest de Vervins, dans la vallée de l'Oise, Guise est un autre centre industriel dû aux initiatives de J.-A. Godin, fabricant d'appareils de chauffage, précurseur dans le domaine social, qui mourut en 1888, en léguant ses usines et une part de sa fortune à ses ouvriers. Une statue et un mausolée ont été élevés à la mémoire de ce philanthrope.

Au pied du coteau qui porte le château, l'église est un édifice à cinq nefs dont l'origine remonte au XVᵉ siècle. Du château, bâti au XIᵉ, reconstruit en 1549, transformé en citadelle au XIXᵉ, il reste un beau donjon du XIIᵉ et quelques bastions et portes, remis en état par des équipes de bénévoles, au cours des dernières décennies.

Dans la partie sud de la Thiérache, la Serre arrose Marle, vieille cité dont l'église des XIIᵉ et XIIIᵉ est particulièrement remarquable. Les ruines d'un château de la même époque, se dressent au sommet de la colline.

Par le charme de ses paysages, l'intérêt de ses petites villes et de leurs souvenirs, la Thiérache est le type même des sites appelés à séduire le voyageur, que rebute l'afflux des foules sur les lieux de grand tourisme !

En haut : l'entrée du château fort de Guise. **Ci-dessous :** une ferme de la Thiérache. **A droite :** l'église fortifiée Notre-Dame, à Plomion. **En dessous :** un aspect des remparts de Vervins (XIIe siècle).

LA MOYENNE VALLÉE DE L'OISE, DE LA FÈRE A COMPIÈGNE

Au sud du plateau du Vermandois, la moyenne vallée de l'Oise se développe de La Fère à Compiègne.

La Fère est située en aval du confluent de l'Oise et de la Serre, dans une région de marécages, qui s'étalent entre plusieurs bras de l'Oise. La ville connut de nombreux sièges, de Henri IV à 1914. Elle fut reconstruite après cette dernière guerre. D'où la façade moderne de l'église Saint-Montin, dont la nef est du XIIIᵉ siècle. Le Musée Jeanne d'Aboville porte le nom de la donatrice qui légua à la ville une remarquable collection de peintures où figurent Rubens, Jordaëns, Ruysdaël, Hubert-Robert, Hobbema, Ribera, etc.

Au sud, s'étend la vaste forêt de Saint-Gobain – 6000 ha – sur un plateau coupé de vallons et d'étangs. Elle fut, depuis l'époque de Louis XV, le théâtre de chasses à courre très suivies. De nombreuses routes la traversent et permettent de visiter, entre autres, le site de Tortoir, prieuré du XIVᵉ, qui dépendait de l'abbaye voisine de Saint-Nicolas-aux-Bois. De cette dernière, subsistent le logis abbatial et une partie de l'enceinte, dont les douves longent la route.

Plus au sud, une autre abbaye, celle de Prémontré, fut reconstruite au XVIIIᵉ siècle. Elle abrite aujourd'hui un hôpital psychiatrique. Les bâtiments, entourés de parterres de fleurs, composent un bel ensemble architectural. Les Prémontrés desservaient aussi l'église romane de Septvaux, sur la route de Saint-Gobain.

Saint-Gobain est célèbre par sa manufacture de glaces, fondée en 1685, en remplacement d'une verrerie créée sous Louis XII, par Marie de Luxembourg. Certaines parties des bâtiments contiennent des vestiges d'un ancien château des sires de Coucy. L'église des XIIIᵉ et XIVᵉ, a été en partie détruite au cours de la guerre de 1914/18.

Au sud de la forêt, Coucy-le-Château est un vieux village enfermé dans l'enceinte dominant la vallée de l'Ailette. Elle comportait 28 tours, qui subsistent en partie. Plusieurs portes donnent accès au village, celle de Laon, au nord, celle de Soissons, au sud, près de l'église Saint-Sauveur, relevée de ses ruines après la guerre et qui comporte des parties romane et gothique. Le château a gardé, lui aussi, quelques salles anciennes et une partie du donjon dont les murs atteignaient sept mètres d'épaisseur.

Les deux principales villes de la moyenne vallée de l'Oise sont Noyon et Compiègne. La première se trouve sur la Verse, un affluent de l'Oise. La cathédrale Notre-Dame, de style gothique primitif contient des parties romanes, mais garde une parfaite unité. Elle date de la fin du XIIᵉ et du début du XIIIᵉ siècle. Deux tours carrées entourent un porche à trois baies. Avec l'ampleur de sa nef de 105 m de longueur, son cloître du XIIIᵉ, sa salle capitulaire, c'est un ensemble exemplaire de l'architecture médiévale française.

Enfin, Compiègne, son château et sa forêt, offrent, aux approches de la capitale, l'une des perles de l'Ile de France.

En haut : le château de La Fère et le prieuré fortifié du Tortoir. En bas, à gauche : l'ancienne abbaye de Prémontré. A droite : le village de Thiescourt, dans le Noyonnais, la Porte Corbault, à Noyon.

Au sud d'Amiens, Montdidier, sous-préfecture du département de la Somme, s'élève sur une colline dominant la rivière des Trois-Doms. Elle marqua l'ultime avance de l'offensive allemande de 1918 et se trouve à la lisière du département, aux confins de l'Ile-de-France.

Avec son beffroi et son jacquemart, avec son église Saint-Pierre, due à l'architecte de la cathédrale de Beauvais, avec sa promenade du Prieuré, Montdidier est une petite ville pittoresque qui vit naître la reine Frédégonde et Parmentier.

De part et d'autre de la ville, à une quinzaine de kilomètres, Folleville, une ancienne seigneurie qui possède une église flamboyante aux sculptures remarquables, et Tilloloy, un château entouré d'un vaste parc.

Au sud, Breteuil-sur-Noye appartient déjà au département de l'Oise et annonce le pays du Beauvaisis qui faisait autrefois partie de la Picardie. Il en fut détaché en 1624, comme le Noyonnais et le Laonnois, et incorporé à la province d'Ile-de-France.

Beauvais, de même que la campagne qui l'environne, n'en garde pas moins son caractère picard, avec les maisons de brique rouge, le patois et l'accent qui y sont encore en faveur.

La ville est d'origine gauloise. Elle est située au confluent du Thérain et de l'Avelon, et surtout connue par sa magnifique cathédrale gothique, demeurée inachevée, mais dont la voûte s'élève à plus de cinquante mètres de hauteur. La nef forme un énorme vaisseau de pierre blanche ; le transept, datant du XVIe siècle, s'appuie à l'extérieur, sur de belles façades de style flamboyant.

Au lendemain de la guerre, autour de la cathédrale intacte, ce n'était qu'un champ de ruines, où depuis cinq ans, les herbes folles et les arbustes avaient poussé.

Beauvais est aujourd'hui reconstruite. L'église Saint-Etienne, d'origine romane avec un chœur gothique, fut endommagée en 1940. Le Palais épiscopal – devenu Palais de Justice – est également un édifice de la période gothique. On y accède par une porte fortifiée datant du XIVe.

A quelques kilomètres de Beauvais, le village de Marissel est devenu un faubourg industriel, mais sur le pont qui franchit la rivière, une plaque rappelle que c'est ici que "Corot peignit son célèbre tableau, l'Eglise de Marissel".

La région située à l'ouest de Beauvais constitue le pays de Bray, avec Gournay-en-Bray et la vallée du Thérain, en direction de Marseille-en-Beauvaisis. A l'est, au-delà de Clermont, on rejoint l'Oise à Pont-Sainte-Maxence, et l'on peut voir, dans les environs, l'abbaye du Moncel (XIVe et XVIIe) et le château de Plessis-Villette, où résida souvent Voltaire. Mais nous sommes là en Ile-de-France, si l'on en juge par le caractère des bourgs et le relief du paysage.

Beauvais. En haut, à gauche et à droite : deux aspects de l'église St-Etienne et détail d'une façade ancienne, rue des Banques. Ci-contre, à gauche : champs et pâturages voisins ; à droite : l'ancien Evêché, devenu Musée départemental.

LAON ET LE LAONNOIS

Dressée sur un éperon rocheux qui domine la plaine environnante, Laon a conservé son aspect médiéval. Sa ceinture de remparts est percée de quelques portes, celle de Soissons à l'est, celle d'Ardon, au sud, datant du XIIIe et flanquée de tourelles massives. Le nom de la ville vient d'un terme celtique, Loon, qui signifie élévation. Les Romains en firent Lugdunum, puis les Carolingiens, Laudunum, quand, au VIIIe

siècle, Laon devint capitale du royaume de France. Berthe aux grands pieds, la mère de Charlemagne, y vécut. Ses descendants firent construire un palais, près de la porte d'Ardon. Ils y résidèrent jusqu'à l'avènement de Hugues Capet, qui établit sa cour à Paris.

Durant le XIIe siècle, de graves émeutes éclatèrent à Laon. Le palais fut incendié ainsi que l'église voisine. Une nouvelle cathédrale fut aussitôt mise en chantier et achevée en 1235, dans le style gothique pri-

mitif, avec des éléments romans, comme à Noyon et à Soissons. Elle est passée sans dommages à travers les siècles et constitue aujourd'hui, l'un des plus remarquables exemples de l'architecture religieuse de son temps. Sept tours s'élèvent sur l'édifice : deux à la façade, quatre aux angles du transept et une tour carrée, couverte d'une pyramide. La façade comporte trois porches avec pignons sculptés et une galerie à jour. Alentour, le palais épiscopal, le cloître, la salle capitulaire, complètent cet ensemble médiéval.

Le palais épiscopal est constitué de trois corps de bâtiments autour d'une cour ouverte, donnant sur l'abside de la cathédrale. Celle-ci est reliée au cloître par une galerie de neuf travées. Non loin de là, l'Hôtel-Dieu est également une construction du XIIIe siècle, comportant en sous-sol, une salle gothique à trois nefs.

Cette cité religieuse fut aussi une impor-

Laon. En haut : la "montagne", dominée par la cathédrale Notre-Dame; les remparts de la Porte d'Ardon. A gauche : la salle capitulaire (XIIe siècle) de la cathédrale. A droite : la chapelle des Templiers; l'abreuvoir d'un village voisin : Nouvion-le-Vineux.

tante place forte protégée par les remparts édifiés au XIIIe siècle. Elle repoussa les hordes d'Attila en 451, subit plusieurs sièges, notamment en 1815 après Waterloo et en 1870, où l'explosion de la poudrière fit plus de 500 victimes. Les remparts forment le mur de soutènement de la vieille ville et sont flanqués de tours. Le chemin de ronde offre de belles vues sur la ville et les environs.

A l'extrémité est de l'enceinte, la citadelle fut construite en 1594 par Henri IV et forme étrave devant la plaine. Au pied des remparts, des promenades ont été établies qui ajoutent au charme de cette vieille cité. Il faut encore citer la chapelle des Templiers, fondée au XIIe siècle dans le style roman. Au hasard des rues, de vieilles maisons, un ancien prieuré, une chapelle du XVe, l'hôtel du Petit-Saint-Vincent, et enfin le musée avec une collection archéologique et des salles de peintures qui contiennent des œuvres des frères Le Nain, natifs de Laon.

Le Laonnois offre prétextes à d'intéressantes excursions vers la Montagne de Laon (180 m) et Mons-en-Laonnois, avec ses "creuttes" (grottes), vers Bourgogne, où vécurent les Le Nain, vers Nouvion-le-Vineux, Presles, Bruyères, dotés de belles églises romano-gothiques, et surtout vers la basilique Notre-Dame-de-Liesse, but d'un pèlerinage fréquenté.

SOISSONS ET LE SOISSONNAIS

Aux confins des trois provinces de la Picardie, de l'Ile-de-France et de la Champagne, la région au sud de Laon fut le théâtre de combats meurtriers lors de l'offensive ordonnée par le général Nivelle en 1917, contre les positions allemandes fortement établies sur la falaise du Chemin des Dames, qui sépare les vallées de l'Ailette et de l'Aisne.

Le nom de Chemin des Dames fut donné à la route que les filles de Louis XV suivaient pour se rendre au château de la Bove, où résidait leur amie, la duchesse de Narbonne.

C'est aujourd'hui un lieu historique qui s'étend du Moulin de Laffaux au plateau de Californie – où un monument rappelle les combats qui s'y déroulèrent en 1914 et 1918. Ceux de 1917 sont évoqués au Fort de la Malmaison, par le Mémorial de Cerny-en-Laonnois. Un musée du Chemin des Dames a été créé dans la Caverne du Dragon, une longue galerie où les Allemands avaient établi leur poste de commandement et un arsenal.

Tout près, la Ferme d'Hurtebise fut le centre d'autres batailles, celle que livra Napoléon en 1814 aux troupes de Blücher, à Craonne, – et celle qui eut lieu en septembre 1914, un siècle plus tard !

Ces sites tragiques ont retrouvé la paix : la forêt de Vauclair est aménagée pour le tourisme, et l'ancienne abbaye fondée par saint Bernard en 1134 a été dégagée. On y donne en saison d'été, un spectacle "Son et Lumière". Le lac de Monampteuil permet de pratiquer les sports nautiques.

A une dizaine de kilomètres, Soissons fit partie de la Picardie avant 1624. Ancienne ville romaine, elle avait été témoin du triomphe de Clovis. Elle fut capitale sous le règne de son fils, Clotaire, et de Chilpéric, roi de Neustrie. Comme Laon, Soissons fut ravagée au cours des guerres de 1814, 1870 et 1914/18.

Les monuments que l'on y voit aujourd'hui ont été restaurés, notamment la cathédrale Saint-Gervais, Saint-Protais, dont l'origine est du XIIe siècle. La construction se poursuivit au XIIIe, mais l'une des tours ne fut jamais achevée. Des vitraux de l'époque, une toile de Rubens, se remarquent à l'intérieur.

L'ancienne abbaye Saint-Jean-des-Vignes date du XIe siècle et constitue, malgré quelques dépradations, un magnifique ensemble avec les hautes tours de son église, sa façade aux portails sculptés, ses cloîtres du XIVe et la salle du réfectoire, avec ses colonnes à chapiteaux.

Une autre abbaye, celle de Saint-Léger, fondée en 1152 fut ravagée au temps des guerres de religion. Ses vestiges abritent le musée de la ville et présentent encore un vif intérêt, notamment par la crypte et la salle capitulaire.

L'abbaye de Saint-Médard remonte à l'époque franque. Elle contenait les tombeaux du saint et des rois mérovingiens.

La région de Soissons compte aussi quelques châteaux de grande allure. Celui de Villers-Cotterets est de style Renaissance, – celui de Pierrefonds, restauré par Viollet-le-Duc à la fin du siècle dernier, est un exemple intéressant de l'architecture militaire d'autrefois. Il avait été construit vers 1400 par Louis d'Orléans et démantelé sur ordre de Richelieu. Entre les deux bourgs, Morienval possède aussi une très belle église à trois clochers.

Le cimetière militaire de Craonne, sur le "Chemin des Dames"; les vestiges cisterciens de l'abbaye de Vauclair (XIIe siècle); les ruines de l'église abbatiale de St-Jean-des-Vignes, à Soissons. A droite : deux aspects de village du Soissonnais : Septmonts et Serches.

Crédits : Baciocchi/Pix 69b — Beaugeois/Pix 2b, 18c, 24e, 26b, 27b, d, 41a, 45c — Blond/Pix 15c — Bozellec/Vloo 58b — Chemin/Vloo 73b, 80a, 85a, 86a — Corte/Vloo 21a, 46a, 64b, 65b, 75a — Decottignies/Pix 4a, 5a, 25, 40b, 41b, 55b, 76a — Dolmaire/Pix 78b — Dumontier/Atlas Photo 3a — Dumontier 3b, 19a, 65a, 70c, 71a, b, 72d, 73a, 74a, c, 75b — Granier/Pix endpapers — Hennequin/Vloo 21b, 58a, 60a — Henry/Cedri 18a — D'Hérouville/Pix 5b, 16c, 20b, 27a, 35a, 37a, 38a, 43a, 53b, 54b — Jolivalt/Pix 4b, 10c, 35b, c, 38b, 46b, 62b — Knight/Vloo 20a — La Cigogne/Pix 6a, c, 8-9, 11b, 12c, 13a, b, 14a, 16c, 22a, 24c, 26a, 30a, 31a, b, 34a, 37b, 39a, 40a, 47a, 48b, 49, 51b, 52b, 53a, d, 60b, 67a, 72a — Laval/Vloo 34b — Lérault/Pix 1, 16a, 32b, 77c, 79a, 86b, 87a, b — Levannier/Pix 64a — Mage/Pix 12a, b, 15a, 18d, 22c, 23c, 32c, 40c, 43b, 55a, c, 56a, b, c, d, 59b, 65d, 66b, 68b, c, 71c, 72c, 74b, 76b, 79b, 81b, c, 83a, b, 84a, b — Magnin/Pix 2a, 45d, 64c — Mangez/Pix 14b, 47b, c, 54a, c — Maurer/Cedri 24d, 27c, 29b, 30b, 32a, 33a, b — Moës/Pix 69a — Pavard/Vloo 44a — Perdereau/Pix 70a — Pix 11a, 24b, 28b, c, 29a, c, 50b, 51a, 60c, d, 61b, c, 66a, 72b, 76c, 77a, 80b, 85b, c — Pix/J.S.R. 21c, 42a, 44c, 52a, 53c, 57b, 59a, 68a, 82a — Planchard/Pix 10a, b — Ranier/Pix 57a — Revault/Pix 7, 14b, 15d, 36a, b, 42b, 51c, d, 83c — Ricatto/Zefa 18b — Roche/Vloo 61a, 67b — Sappa/Cedri 17a, 19b, 50a, 63b, 65c, 70b, 73c, 82b, 88 — Somville/Vloo 6b, 17b, 22b, 23a, b, 24a, 28a, 34c, 44b, 45a, b, 48a, 58c, 62a, c, d, 63a, 71d, 78a, 81a, 86c — Tuppin/Pix 39b, c.